Dagobert Kohlmeyer

Schach grandios

Legendäre Partien, geniale Züge und Kombinationen von Anderssen bis Anand und Carlsen

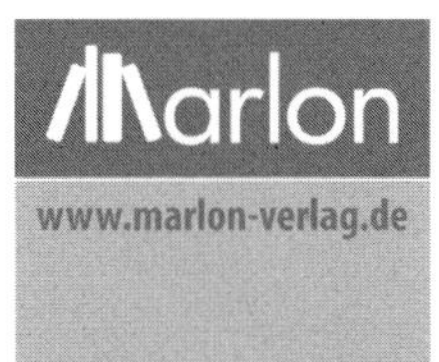

Bibliografische Information Der Deutschen Nationalbibliothek
Die Deutsche Nationalbibliothek verzeichnet diese Publikation in der Deutschen Nationalbibliografie; detaillierte bibliografische Daten sind im Internet über www.d-nb.de abrufbar.

ISBN 978-3-943172-35-5

Der Autor

Dagobert Kohlmeyer ist Deutschlands bekanntester Schachreporter. Seit vielen Jahren berichtet er in Wort und Bild von WM-Kämpfen, Olympiaden und Turnieren der Schachelite. Der Berliner schrieb 18 Schachbücher und übersetzte mehr als 40 Titel aus dem Russischen ins Deutsche, u.a. von Smyslow, Karpow, Kasparow und Kortschnoi. Kohlmeyers Fotos von den großen Schachevents sind in ganz Europa gefragt. 2006 wurde er mit dem Deutschen Schachpreis ausgezeichnet.

Originalausgabe 2013

Ein Imprint der Joh. Brendow & Sohn Verlag GmbH,
Gutenbergstr. 1, 47443 Moers
www.marlon-verlag.de

Umschlaggestaltung: Britta Böseler-Zimmer (BrendowPrintMedien, Moers)
Titelfotos: Dagobert Kohlmeyer
Fotos im Innenteil: Dagobert Kohlmeyer
Autorenfoto: privat
Karikaturen: Schachagentur Berlin
Lektorat: Dr. Peter Schäfer, Moers
Satz: Carsten Wenzel (BrendowPrintMedien, Moers)
Druck und Verarbeitung: CPI – Clausen & Bosse, Leck

Printed in Germany

Inhalt

Vorwort

Schach ist ein See, in dem
eine Mücke baden, aber
ein Elefant ertrinken kann.

INDISCHES SPRICHWORT

Dieses Buch lädt zu einer neuen Reise in die wundervolle Welt des Schachs ein. Es spannt den Bogen von den alten Meistern bis zu den heutigen Helden des Spiels. Die bunte Palette reicht von berühmten historischen Beispielen bis zur Turnierpraxis unserer Tage. Nach dem Lesen werden Sie mehr darüber wissen, welche erstaunlichen Dinge auf dem Schachbrett passieren können. Manche von ihnen grenzen an Zauberei.

Die Lektüre soll vor allem Freude machen. Deshalb kommt in dem Buch neben dem schachlichen Geschehen auch der Humor nicht zu kurz. Der Autor hat sich bemüht, die Partien, Probleme und Studien oder Mattaufgaben nicht bierernst zu präsentieren, sondern mit Augenzwinkern. Man könnte „Schach grandios“ auch eine heitere Kriegserklärung an jedes Dogma in unserem Spiel nennen.

Historisches Vorbild dafür ist Emanuel Lasker. In seinem großartigen Buch „Gesunder Menschenverstand im Schach“ regte der deutsche Weltmeister seine Schüler zu selbständigem Denken, Kritik, ein wenig Fleiß und viel Humor an. Wie wir wissen, führt im Schach nicht die Anbetung langer Theorievarianten zum Erfolg. Entscheidend ist vielmehr das Erlernen von Methoden, wie man in jeder Partiephase den möglichst besten Zug findet.

Seit ewigen Zeiten werden Schachbücher geschrieben, mittlerweile sind es unzählig viele. Die Autoren bemühten sich mit unterschiedlichem Erfolg, unser geliebtes Spiel interessant darzustellen. Oft wurde die vergnügliche Seite vernachlässigt. Mit dem vorliegenden Buch unternimmt der Verfasser den erneuen Versuch, diese Lücke zu füllen. Bei der Arbeit an dem Manuskript habe ich eine Menge gelernt und neue Einsichten gewonnen: über Schachgeschichte, die Kunst der größten Meister und nicht zuletzt, was auf dem Brett alles möglich ist. Wenn es den Lesern ähnlich geht, würde mich das freuen.

Eine wichtige Erkenntnis war: Auch in scheinbar einfachen Situationen sind selbst Großmeister der Wahrheit mitunter nur durch Probieren oder Scheitern näher gekommen. Ihr gewonnenes Wissen, ihre Siege und Tragödien, ihr ganzes schachliches Erbe können sehr hilfreich für uns sein. Sie ersparen jedem Schachspieler Zeit, Energie – und Nullen in der Turniertabelle. Das ist die ganz praktische Botschaft des Buchs.

Dagobert Kohlmeyer

Zeichenerklärung

K	König
D	Dame
T	Turm
L	Läufer
S	Springer
B	Bauer
-	zieht, geht nach
x	schlägt, nimmt
e. p.	en passant (schlägt im Vorübergehen)
+	Schach
#	Matt
=	Remis, Gleichstand
0-0	kurze Rochade
0-0-0	lange Rochade
!	starker Zug
!!	ausgezeichneter Zug
?	schwacher Zug
??	grober Fehler
!?	interessanter Zug
?!	zweifelhafter Zug
~	beliebiger Zug
…	fehlender Zug
1-0	Weiß gewinnt
0-1	Schwarz gewinnt

Ein Spiel mit Geschichte

Tief ist der Brunnen der Vergangenheit.
Sollte man ihn nicht unergründlich nennen?

THOMAS MANN

Die Anfänge liegen im Nebel. Woher das Schachspiel kommt, ist bis heute nicht eindeutig geklärt. Als Ursprungsländer werden von den Historikern vor allem Indien, aber auch China und Persien genannt. Die Namen „Tschaturanga" (indisch), „Tschatrang" (persisch) und „Schatransch" (arabisch) weisen auf den möglichen Weg des Spiels über den Globus hin. Die Menschheit hat kein anderes intellektuelles Spiel ersonnen, das so schön und vollkommen ist. „Schach ist das Leben. Genau wie das Theater", schrieb der spanische Dramatiker Fernando Arrabal. Vom Amateur bis zum Weltmeister spielt es jeder mit Begeisterung.

Um die Erfindung des Schachs ranken sich viele Legenden. Die populärste Entstehungsgeschichte ist die mit den Getreidekörnern. Sie deutet die unendliche Vielfalt des Schachs an. Danach soll ein indischer Weiser, der das Spiel erfand, vom König als Lohn nur Weizenkörner erbeten haben. Man möge ihm damit die 64 Felder seines Schachbretts füllen:

ein Korn auf das erste Feld, zwei auf das zweite, vier auf das dritte, acht auf das vierte usw. Der so bescheiden klingende Wunsch hatte es jedoch in sich. Das anfängliche Staunen von König und Hof wandelte sich bald in Entsetzen, als man die Summe der Getreidekörner ausgerechnet hatte. Es stellte sich heraus, dass es auf der ganzen Erde nicht genug Weizen gab, um den sagenhaften Erfinder zu entlohnen.

In der Legende steckt viel Weisheit. Sie ist nicht nur eine Hommage an das großartige Spiel, sondern auch eine Lektion in Mathematik und ein sozialkritisches Gleichnis. Es mutet aber höchst unwahrscheinlich an, dass Schach von einer einzigen Person und zu einem bestimmten Zeitpunkt erfunden wurde. Dafür ist es zu komplex und vielschichtig. Es enthält Elemente aus verschiedenen Kulturen, Epochen und Sprachen. Das Schachspiel in seiner heutigen Form ist das Ergebnis der schöpferischen Kraft vieler Völker. Somit gehört es schlicht zum Weltkulturerbe.

Nach Europa gelangte das Spiel etwa im 10. bis 11. Jahrhundert. Schach wurde zunächst an den Höfen gespielt und zählte neben dem Reiten und dem geschickten Umgang mit der Lanze, sowie dem Fechten, Jagen, Schwimmen und Dichten zu den sieben Tugenden der Ritter. In der Folgezeit fand es immer mehr Verbreitung unter den Edelleuten und später auch in den Städten. Die Spielregeln waren nicht einheitlich. Im 15. Jahrhundert veränderten sie sich entscheidend, seither kann vom modernen Schach, wie wir es heute kennen, gesprochen werden. Zuvor war die Dame längst nicht so stark, und der Läufer, damals Elefant genannt, konnte eine Figur überspringen. Wie in folgender Diagrammstellung aus dem 7. Jahrhundert. Es ist die wohl berühmteste Mansube (Aufgabe) mit einem wunderschönen Matt.

Dilaram-Matt

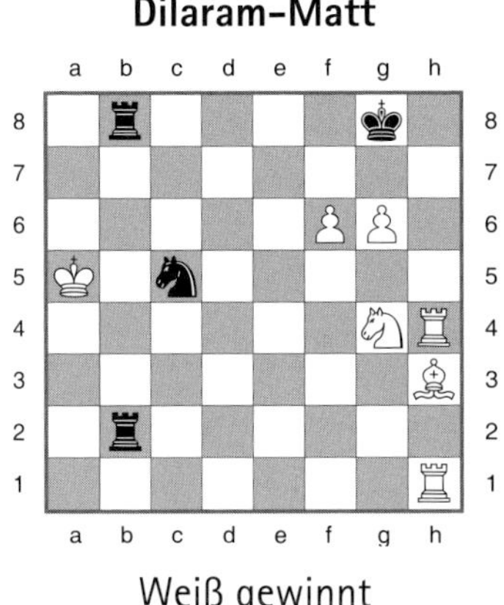

Weiß gewinnt

1.Th8+! Kxh8 2.Lf5+ (der Läufer durfte über die Figur springen) 2...Th2 3.Txh2+ Kg8 4.Th8+ Kxh8 5.g7+ Kg8 6.Sh6 matt!

Die Legende von Prinzessin Dilaram ist erfüllt vom geheimnisvollen Zauber des Orients: Sie war die Lieblingsfrau eines Sultans, der mit Leidenschaft, aber nur mittelmäßig Schach spielte. Nachdem er schon seine ganze Habe verloren hatte, setzte er sogar die schöne Dilaram als Preis. Die arme, sehr kluge Frau, musste mit ansehen, wie sich die Stellung ihres Gatten, der die weißen Steine führte, immer mehr verschlechterte. Als die Position ganz aussichtslos schien und Matt im nächsten Zug drohte, flüsterte Dilaram ihrem unglücklichen Mann zu, er solle seine beiden Türme opfern. Der Sultan erkannte daraufhin den Gewinnweg und rettete, wie in der schönen Studie gezeigt, Weib und Besitz. Eine anmutige Geschichte.

Je mehr Schach die Welt eroberte, umso einheitlicher wurden seine Regeln. Seit dem 19. Jahrhundert gilt ein Patt weltweit als unentschieden. Davor wurde die pattsetzende

Seite eher als Sieger betrachtet. Heute legt die Internationale Schachföderation FIDE das Regelwerk des Spiels und dessen Veränderungen fest. In den vergangenen Jahren wurde die Bedenkzeit für normale Turnierpartien verkürzt, was dem schnelleren Tempo unseres Lebens geschuldet ist. Dieser Schritt fand nicht den Beifall aller Spitzenspieler. Auch der Modus zur Ermittlung des Schachweltmeisters ist mehrfach geändert worden. Nach dem missglückten Versuch, den Champion in einem Knockout-Turnier auszuspielen, kehrte man zu den Kandidatenturnieren mit anschließendem WM-Finale in Matchform zurück. Jedoch wurde die Zahl der Spiele drastisch verringert. Ging ein Duell um die Krone früher über 24 Partien, so steht der Schachkönig heute schon nach 12 Runden fest. Bei einem 6:6-Gleichstand wird der Titelträger in Schnellpartien ermittelt. In unserer Zeit kann man beim Geduldsspiel Schach wahrlich nicht mehr von „Entdeckung der Langsamkeit“ sprechen.

Der edle Geistessport hat nicht nur Anhänger. Im Laufe seiner Entwicklung musste Schach viele Hindernisse überwinden. So wurde es im Mittelalter zuweilen von den Herrschern einiger europäischer Länder verboten. In der Neuzeit stand Schach in Iran und Afghanistan etliche Jahre als illegales Glücksspiel auf dem Index. Doch auch seine mächtigsten Feinde konnten das Verbot nicht lange aufrechterhalten. Die Menschen spielten einfach weiter.

Große internationale Turniere gibt es seit 1851, als sich die damalige Schachelite in London traf und der Deutsche Adolf Anderssen gewann. Im Jahre 1914 lud Zar Nikolai der Zweite zu einem Turnier nach St. Petersburg ein. Den fünf Erstplatzierten Emanuel Lasker, José Raul Capablanca, Alexander Aljechin, Siegbert Tarrasch und Frank Marshall verlieh er beim Abschlussbankett den Titel „Großmeister“. Seit Ende des zweiten Weltkrieges vergibt der internationale

Verband FIDE den begehrten Doktorhut des Schachs, für den mehrmals eine bestimmte Norm erfüllt werden muss.

Was immer in seiner langen Geschichte geschehen ist, das Schachspiel hat unzählige Generationen fasziniert und seinen großen Zauber bis heute bewahrt. Davon zeugen auch die Beispiele in diesem Buch, die vom Mittelalter bis zu den aktuellen „Zügen des Jahres" reichen. Ob strategische Manöver, subtile Technik, verwirrende Kombinationen oder tollkühne Mattattacken - das beliebteste aller Brettspiele wird seine Anziehungskraft auch künftig behalten.

Legendäre Partien

Dies Spiel ist ein Probierstein des Gehirns.

J. W. VON GOETHE

Es gibt sehr viele Partien, die zum goldenen Fonds der Schachkunst gehören. Aus ihrer Fülle ragen einzelne Meisterwerke noch heraus und bleiben für immer im kollektiven Gedächtnis. Unsere Auswahl beginnt mit der „Unsterblichen" des deutschen Schachgenies Adolf Anderssen.

Anderssen – Kieseritzky
London 1851
Königsgambit

1.e4 e5 2.f4
Dieses Gambit war damals die beliebteste Eröffnung. Weiß opfert einen Bauern für schnelle Figurenentwicklung.
2...exf4 3.Lc4 Dh4+
Durch das Damenschach verliert der weiße König das Rochade-Recht. Schwarz muss den Ausflug der Lady aber teuer bezahlen. Sie benötigt jetzt etliche Manöver, damit sie vom Königsflügel verschwinden kann.

4.Kf1 b5?!
Auch Schwarz gibt einen Bauern, um sich rasch zu entwickeln. Diese Fortsetzung löst jedoch nicht vollständig seine Probleme.
5.Lxb5 Sf6 6.Sf3 Dh6 7.d3 Sh5
Es droht Sg3+.
8.Sh4 Dg5 9.Sf5 c6
Angriff auf den Läufer. Richtig war 9...g6. Kieseritzky übersah wohl Anderssens folgende Attacke.
10.g4 Sf6 11.Tg1!
Ein geistreiches Figurenopfer.
11...cxb5?
Schwarz hätte das Geschenk nicht annehmen und besser 11...h5 spielen sollen.
12.h4
Nun kommt Weiß seinem Gegner zuvor.
12...Dg6 13.h5 Dg5 14.Df3
Stellt zwei Drohungen auf: 15.Lxf4 mit Gewinn der schwarzen Dame sowie 15.e5 mit gleichzeitigem Angriff auf den Springer f6 und den Turm a8.
14...Sg8
Ein trauriger, aber erzwungener Rückzug. Die Dame braucht ein Fluchtfeld.
15.Lxf4 Df6 16.Sc3 Lc5
Schwarz bringt den Läufer ins Spiel und nimmt den Turm g1 ins Visier, doch er steht bereits auf verlorenem Posten.
17.Sd5 Dxb2

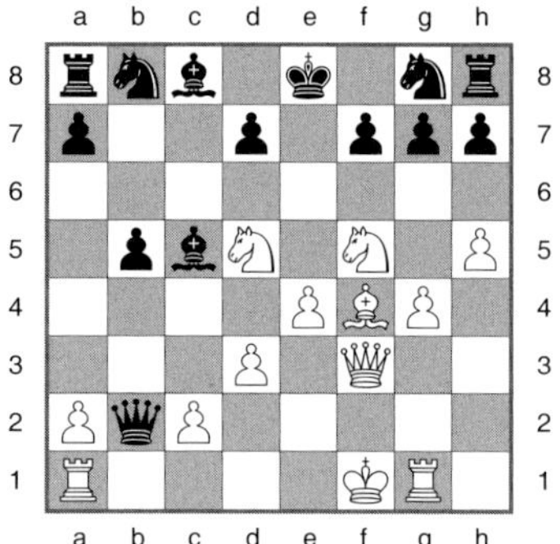

18.Ld6!?

Dieser Zug wurde lange Zeit als genial bezeichnet und mit zwei Ausrufezeichen versehen. Heutige Schachkoryphäen wie Robert Hübner oder Garri Kasparow verweisen auf die noch stärkeren Gewinnfortsetzungen 18.d4, 18.Le3 und 18.Te1.

18...Lxg1?

Schwarz ist zu optimistisch. Bereits 1879 nannte Wilhelm Steinitz 18...Dxa1+ als klügste Erwiderung mit der Folge 19.Ke2 Db2 20.Kd2 Lxg1. Hübner und Kasparow sehen nun 21.e5 La6! als forcierte Variante an mit den Abspielen: 1) 22.Sxg7+ Kd8 23.Dxf7 Kc8, und Weiß hält die Stellung remis; 2) 22.Sc7+ Kd8 23.Dxa8 Lb6 24.Dxb8+ Lc8 25.Sd5 La5+ 26.Ke3 Dc1+ mit Dauerschach.

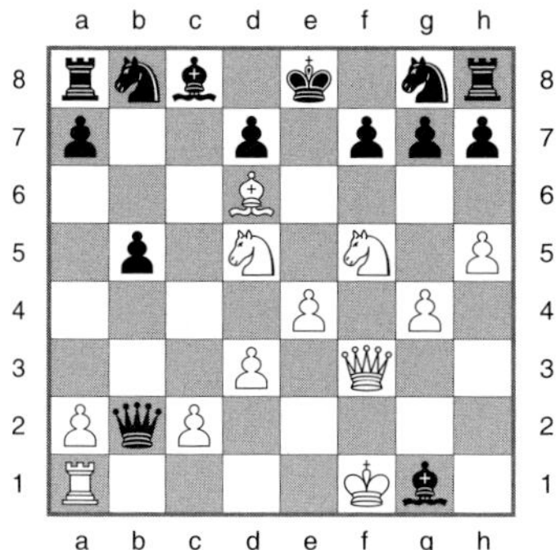

19.e5!

Ein besonders schöner Moment und mitten im Sturm des Angriffs ein Ruhepunkt. Nach diesem stillen Zug ist das Schicksal von Schwarz besiegelt. Anderssen hat schon Turm und Läufer geopfert. Jetzt erlaubt er seinem Gegner auch noch, den zweiten Turm mit Schach zu schlagen. Aber der weiße Sieg ist nicht zu verhindern.

19...Dxa1+ 20.Ke2

Bei Kieseritzky endet die Notation an dieser Stelle. Einige Kommentatoren äußerten deshalb die Vermutung, er habe die Partie hier aufgegeben. Die Zeitzeugen Kling und Horwitz berichteten dagegen, dass sie mit 20...Sa6 fortgesetzt wurde und Anderssen drei Züge später mattsetzte.

20...Sa6

Sonst folgen 21.Sxg7+ und 22.Lc7 matt. Michail Tschigorin hat die mögliche Verteidigung 20...La6 untersucht. Auch dieser Zug konnte Schwarz nicht retten, war jedoch zäher.

21.Sxg7+ Kd8 22.Df6+!!

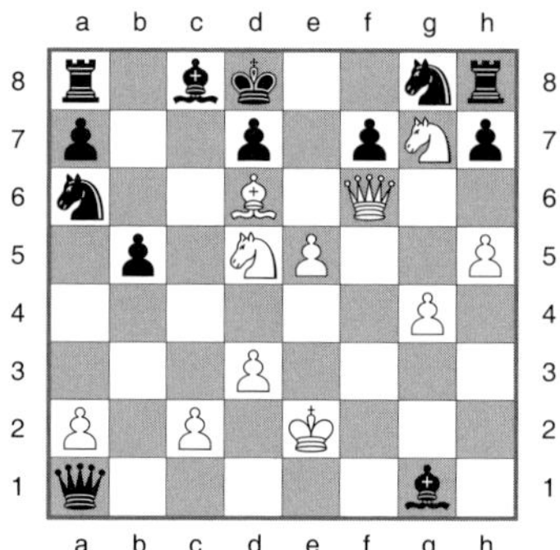

Anderssen, der einen Läufer und zwei Türme gegeben hat, krönt sein Kunstwerk nun mit einem Damenopfer. Das Matt ist nicht mehr abzuwenden.

22...Sxf6 23.Le7 matt.

Dieses Spiel wird niemals vergessen!

Morphy – Beratende

Paris 1858

Philidor-Verteidigung

Der Amerikaner Paul Morphy war Mitte des 19. Jahrhunderts stärkster Schachspieler der Welt. Auf einer Europa-Tournee 1858/59 fegte er auch die größten Meister des alten Kontinents vom Brett. Schwächere Spieler, die Beratungspartien gegen ihn wagten, besiegte der Figurenkünstler mit leichter Hand. Wie hier in der Pariser Oper, als „Der Barbier von Sevilla“ lief. Morphys Gegner waren der Herzog von Braunschweig und Graf Carl Isuard.

1.e4 e5 2.Sf3 d6 3.d4 Lg4?

Der Zug befördert nur die Entwicklung von Weiß.

4.dxe5 Lxf3 5.Dxf3 dxe5 6.Lc4 Sf6?

Übersieht die folgende Drohung mit Doppelangriff auf zwei Bauern.

7.Db3 De7 8.Sc3

Für Morphy war ein aktives Spiel stets wichtiger als schnöder Bauerngewinn.

8...c6 9.Lg5 b5 10.Sxb5!

Der Maestro gibt einen Springer für Angriff.

10...cxb5 11.Lxb5+ Sbd7 12.0-0-0 Td8

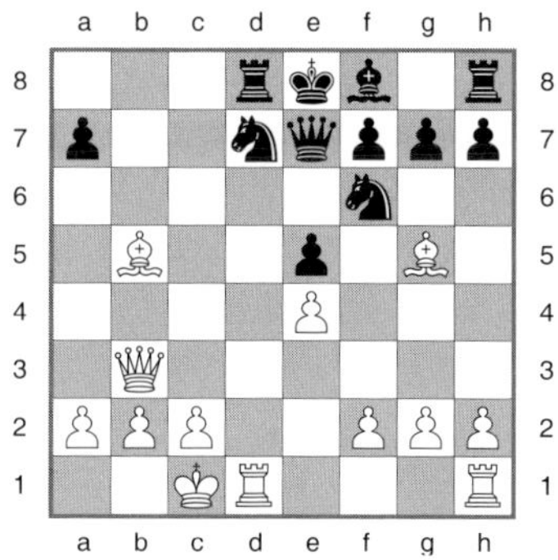

Das Opfern der Figur hat sich gelohnt, die schwarze Festung ist bereits sturmreif. Morphy bläst zum letzten Angriff.

13.Txd7! Txd7 14.Td1 De6 15.Lxd7+ Sxd7

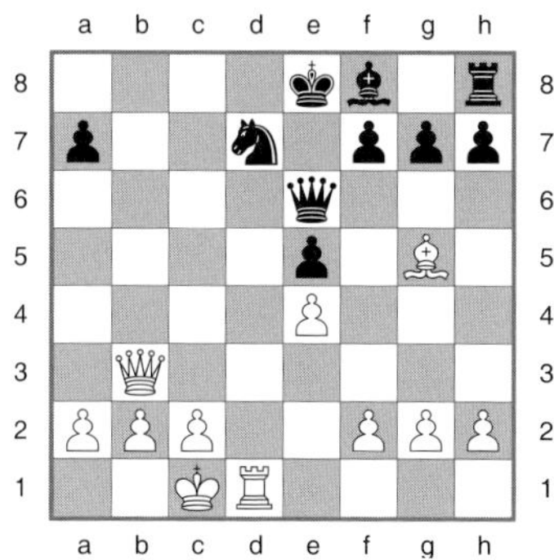

16.Db8+!
Ein Damenopfer beendet den Überfall.
16...Sxb8 17.Td8 matt.
Die Edelleute haben Dame und Springer mehr, aber ihren König und damit das gesamte Reich verloren!

Lasker – Capablanca
St. Petersburg 1914
Spanisch

Die berühmteste Partie des zweiten Schachweltmeisters. Emanuel Laskers Gegner war der geniale Kubaner José Raul Capablanca, der ihn sieben Jahre später auf dem Schachthron ablöste.
1.e4 e5 2.Sf3 Sc6 3.Lb5 a6 4.Lxc6 dxc6 5.d4 exd4 6.Dxd4 Dxd4 7.Sxd4 Ld6 8.Sc3 Se7 9.0-0 0-0 10.f4 Te8 11.Sb3 f6

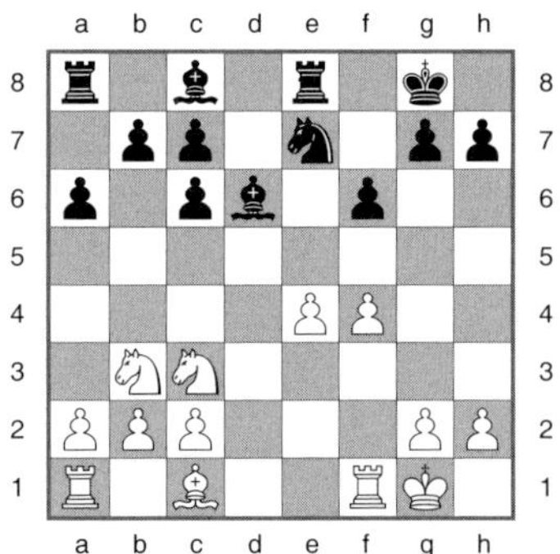

12.f5!
Ein Zug, an dem sich damals die Geister schieden, denn er war ganz gegen die klassische Theorie von Steinitz gerichtet. Lasker nimmt einen schwachen Bauern auf e4 in Kauf, um seinen Gegner einzuschnüren. Er bekommt natürlich auch etwas dafür, zum Beispiel das Traumfeld e6.

12...b6 13.Lf4 Lb7 14.Lxd6 cxd6 15.Sd4 Tad8 16.Se6 Td7 17.Tad1 Sc8 18.Tf2 b5 19.Tfd2 Tde7 20.b4 Kf7 21.a3 La8?

Der falsche Plan. Angebracht war das Qualitätsopfer 21... Txe6 22.fxe6 Txe6.

22.Kf2 Ta7 23.g4 h6 24.Td3 a5 25.h4 axb4 26.axb4 Tae7 27.Kf3 Tg8 28.Kf4 g6 29.Tg3 g5+ 30.Kf3 Sb6 31.hxg5 hxg5 32.Th3 Td7 33.Kg3 Ke8 34.Tdh1 Lb7

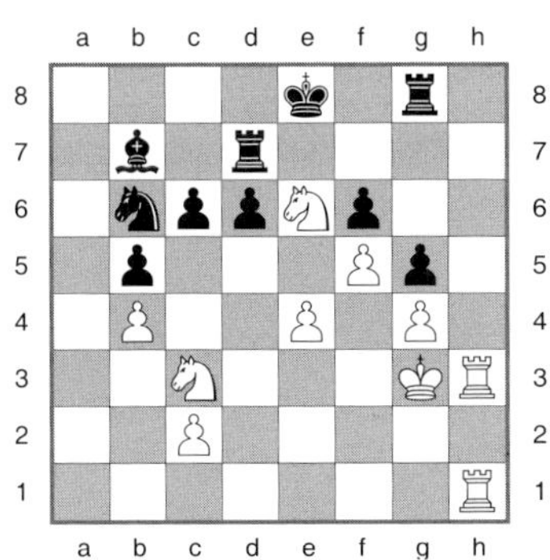

35.e5!!

Weiß gibt das Sorgenkind einfach her und öffnet Linien gegen die schwarze Stellung. Der Kubaner, sonst ein großer Verteidigungskünstler, kann jetzt nicht mehr lange Widerstand leisten.

35...dxe5 36.Se4 Sd5 37.S6c5! Lc8

Der Turm muss stillhalten, sonst gewinnt Sxb7 nebst Sd6+.

38.Sxd7 Lxd7 39.Th7 Tf8 40.Ta1 Kd8 41.Ta8+ Lc8 42.Sc5 1-0.

Ein historisches Duell, in dem Laskers großartige Strategie auf der ganzen Linie triumphierte. Er drückte seinen größten Nebenbuhler eindrucksvoll an die Wand.

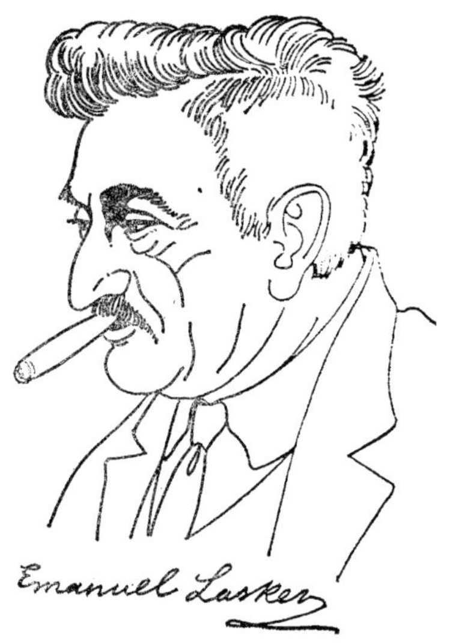

Aljechin – Fahrni
Mannheim 1914
Französisch

Der vierte Weltmeister Alexander Aljechin glänzte schon in jungen Jahren mit sehr dynamischem Spiel. Sein Gegner in diesem bedeutenden Duell war Hans Fahrni, der erste Schweizer Schachprofi.

1.e4 e6 2.d4 d5 3.Sc3 Sf6 4.Lg5 Le7 5.e5 Sfd7 6.h4!

Der Aljechin-Chatard-Angriff, bei dem Weiß einen Bauern für starke Initiative gibt.

6...Lxg5 7.hxg5 Dxg5 8.Sh3!

Dieser Zug ist üblich, weil der Springer nach f4 strebt.

8...De7 9.Sf4 Sf8

Einfach zu plump. Besser geschah 9...a6 oder 9...Sc6.

10.Dg4 f5

Die einzige Verteidigung, denn es drohte neben 11.Dxg7 auch 11.Scxd5.

11.exf6 gxf6 12.0-0-0

Erneut liegt Scxd5 in der Luft.

12...c6 13.Te1! Kd8 14.Th6! e5 15.Dh4 Sbd7 16.Ld3 e4

Verhindert 17.Lf5, aber jetzt kann Weiß das Zentrum sprengen.

17.Dg3 Df7

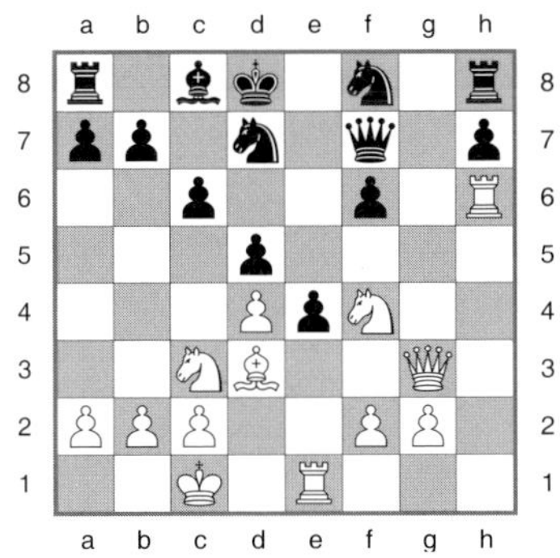

Guter Rat ist bereits teuer. Auf 17...Dd6 folgt 18.Lxe4 dxe4 19.Txe4!, und 20. Dg7 gewinnt.

18.Lxe4! dxe4 19.Sxe4 Tg8 20.Da3

Ein schöner Damenschwenk, der Aljechins Schluss-Kombination vorbereitet.

20...Dg7

Oder 20...De7 21.Da5+ b6 22.Dc3, und Schwarz kann aufgeben.

21.Sd6! Sb6 22.Se8! Df7

Nun droht Weiß Matt in drei Zügen.

23.Dd6+

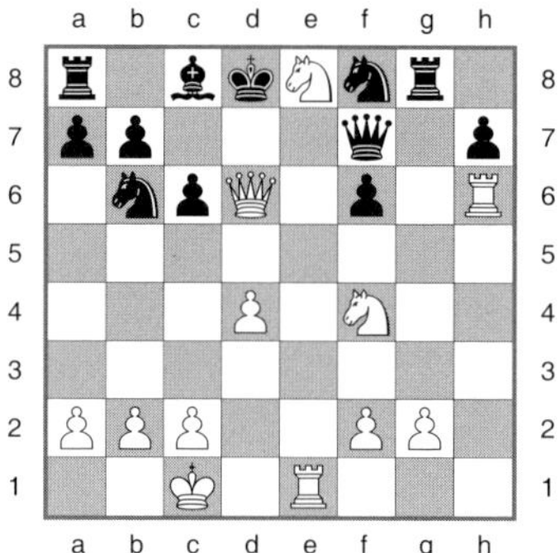

1-0. Wenn 23...Dd7, so 24.Dxf6+ und 25.Dxe7# oder 23... Ld7/Sd7 24.Dc7#. Eine kraftvolle Partie mit einer schneidigen Mattattacke. Sie wurde am 1. August 1914 gespielt. An diesem Tag brach der Erste Weltkrieg aus, und das Turnier musste abgebrochen werden.

Glücksberg – Najdorf

Warschau 1935

Holländisch

Die schönste Partie seiner großen Karriere spielte Miguel Najdorf im Alter von 25 Jahren. Sie ging als „Polnische Unsterbliche“ in die Schachliteratur ein. Der Name stammt von Savielly Tartakower. Schwarz opfert äußerst effektvoll alle vier Leichtfiguren und setzt seinen Gegner schließlich mit dem h-Bauern matt. Ein wahres Meisterwerk.

1.d4 f5 2.c4 Sf6 3.Sc3 e6 4.Sf3 d5 5.e3 c6 6. Ld3 Ld6 7.0-0 0-0 8.Se2 Sbd7 9.Sg5? Lxh2+! 10.Kh1

Auf 10.Kxh2 folgt 10...Sg4+ nebst 11...Dxg5.

10...Sg4 11.f4 De8 12.g3 Dh5 13.Kg2

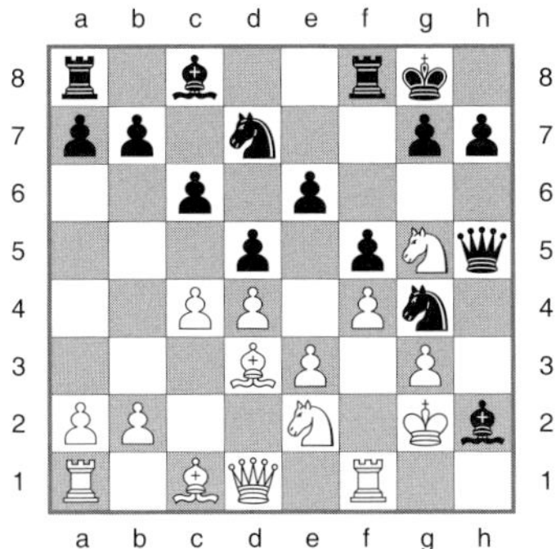

13...Lg1! 14.Sxg1 Dh2+ 15.Kf3 e5! 16.dxe5 Sdxe5+! 17.fxe5 Sxe5+ 18.Kf4 Sg6+ 19.Kf3 f4!
Schwarz droht 20...Se5 matt.
20.exf4

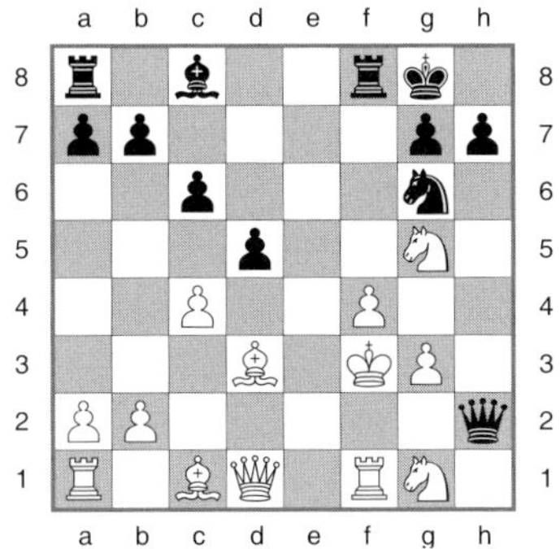

20...Lg4+! 21.Kxg4 Se5+! 22.fxe5 h5 matt.

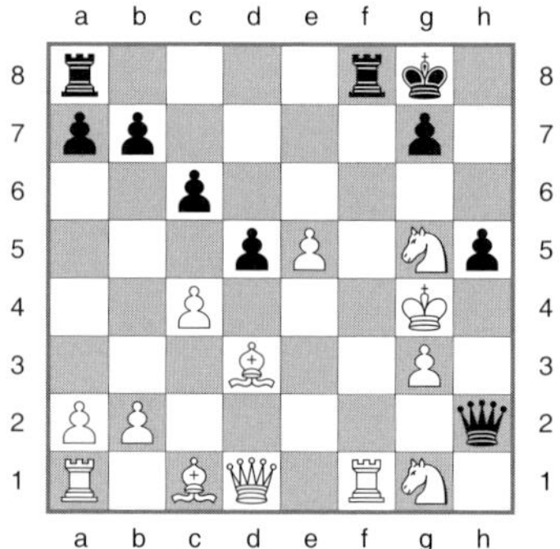

Wie viel Rafinesse, wie viele Mattdrohungen! Ein Unikat der Schachkunst.

Botwinnik – Capablanca
AVRO-Turnier 1938
Nimzoindisch

Beim dem legendären Turnier in den Niederlanden gelang Michail Botwinnik die Partie seines Lebens. Sie wurde durch ein einzigartiges Läufermanöver berühmt. Es ist einer der schönsten Züge der Schachgeschichte.

1.d4 Sf6 2.c4 e6 3.Sc3 Lb4 4.e3

Weiß befestigt das Zentrum, was im Mittelspiel immer von Nutzen ist.

4...d5 5.a3 Lxc3+ 6.bxc3 c5 7.cxd5 exd5 8.Ld3 0-0 9.Se2 b6 10.0-0 La6 11.Lxa6

Botwinnik konnte seinen Läufer auch behalten und nach c2 ziehen. Aber der schwarze Läufer steht dann auf a6 nicht schlecht. Der feindliche Springer jedoch gelangt von diesem Platz aus nur schwer auf das günstige Feld c4.

11...Sxa6 12.Lb2 Dd7! 13.a4 Tfe8

Besser war die Fortsetzung 13...cxd4 14.cxd4 Tfc8, und Weiß bekommt Schwierigkeiten auf der c-Linie. Seine Stellung ist aber auch dann fest genug.

14.Dd3 c4?

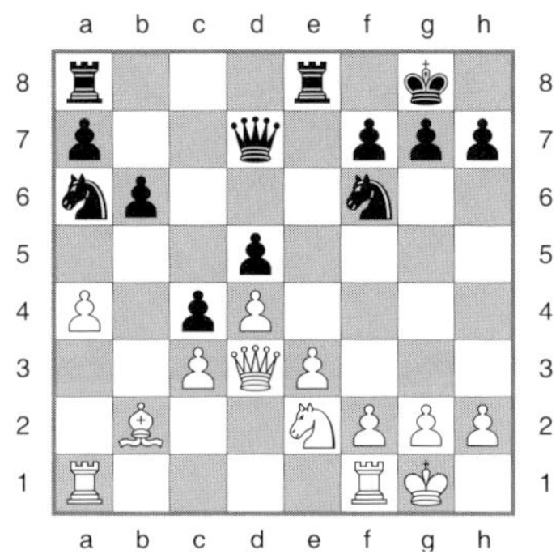

Ein ernstes positionelles Versehen. Schwarz nahm wohl an, dass Weiß seinen e-Bauern nicht weiter nach vorn bewegen kann. Aber der Vorstoß erweist sich als möglich, weshalb 14...Db7 angezeigt war.

15.Dc2 Sb8 16.Tae1 Sc6 17.Sg3 Sa5 18.f3 Sb3 19.e4 Dxa4

Der a-Bauer hat seine Aufgabe als Köder für die feindliche Dame erfüllt.

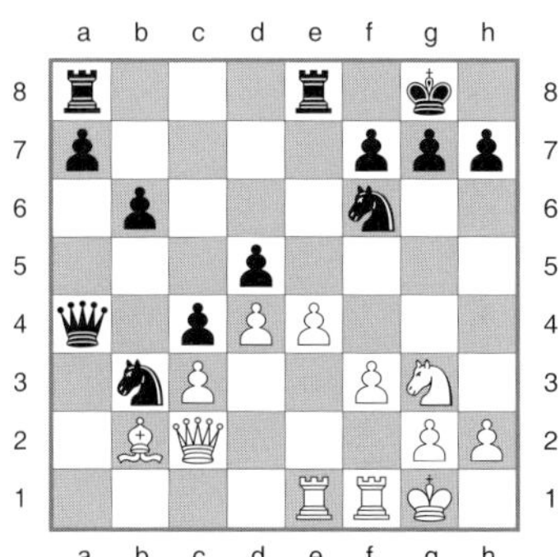

20.e5! Sd7

Nach 20...Sc5? 21.Te2 verliert Schwarz eine Figur.

21.Df2 g6 22.f4 f5 23.exf6

Der richtige Weg, den Angriff fortzusetzen.

23...Sxf6 24.f5 Txe1 25.Txe1 Te8 26.Te6!

Damit beginnt die große Karriere des f-Bauern. Er wird zum wichtigsten Verbündeten der weißen Dame.

26...Txe6 27.fxe6 Kg7 28.Df4 De8 29.De5

Aufmerksamkeit verdiente 29.Dc7+ Kg8 30.De5.

29...De7

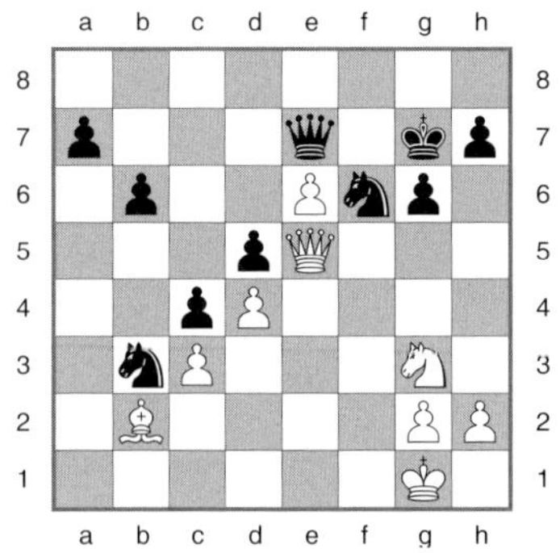

30.La3!!

Diese Stellung ging in die Schachgeschichte ein. Sie wurde klassisches Lehrbeispiel für das Thema Ablenkung durch ein Läuferopfer. 16 Jahre später, zur Schacholympiade 1954 in Amsterdam, stellte ein Konditor eine Torte ins Schaufenster, auf der diese einmalige Position dargestellt war. Der tollkühne Läufer lockt die feindliche Dame aus ihrem eigenen Lager, wo sie dringend zur Verteidigung gebraucht wird. Was nun folgt, ist einfach großartiges Schach.

30...Dxa3 31.Sh5+! gxh5

Schlecht für Schwarz wäre auch 31...Kh6 32.Sxf6 Dc1+ 33.Kf2 Dd2+ 34.Kg3 Dxc3+ 35.Kh4 Dxd4+ 36.Sg4+!

32.Dg5+ Kf8 33.Dxf6+ Kg8
Auf 33...Ke8 folgt Matt in zwei Zügen.
34.e7
Ebenfalls zum Ziel führte 34.Df7+ Kh8 35.g3!, und der weiße König findet auf h3 ein sicheres Versteck. Nicht aber 35.e7? Dc1+ 36.Kf2 Dd2+ 37.Kg3 Dg5+ 38.Kf3 Sxd4! 39.cxd4 Dg4+ und ewiges Schach. (Botwinnik)
34...Dc1+ 35.Kf2 Dc2+ 36.Kg3 Dd3+ 37.Kh4 De4+ 38.Kxh5 De2+
Auch 38...Dg6+ verhieß keine Rettung mehr wegen 39.Dxg6+ hxg6+ 40.Kxg6 und 41.e8D matt.
39.Kh4 De4+ 40.g4 De1+ 41.Kh5

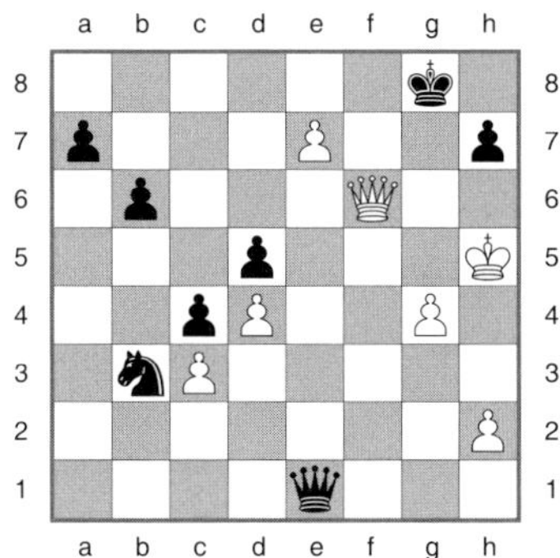

Jetzt ist der furchtlose König sicher. 1-0

Fischer – Benkö

USA-Meisterschaft 1963
Pirc-Verteidigung

In diesem Turnier markierte Bobby Fischer mit elf Siegen in elf Partien einen unglaublichen Rekord. Den elegantesten Gewinn zauberte er gegen Pal Benkö aufs Brett. Neun Jahre später wurde der Amerikaner Weltmeister.

1.e4 g6 2.d4 Lg7 3.Sc3 d6 4.f4 Sf6 5.Sf3 0-0 6.Ld3 Lg4? 7.h3 Lxf3 8.Dxf3 Sc6 9.Le3 e5 10.dxe5 dxe5 11.f5
Weiß will den Gegner mit dem Vormarsch g2-g4-g5 völlig einschnüren.
11...gxf5 12.Dxf5
Nach 12.exf5 e4! bekäme Schwarz gutes Gegenspiel.
12...Sd4
Benkö ist bereit, die weiße Dame um den Preis eines Bauern von ihrer wichtigen Stellung zu verdrängen. Sicherer war jedoch 12...Dd7.
13.Df2
„Ich unterdrückte in mir die Versuchung, den Fehdehandschuh aufzuheben und 13.Dxe5! Sg4 14.Dxg7+! Kxg7 15.hxg4 mit zahlreichen Drohungen fortzusetzen, zum Beispiel 15...Se6 16.e5 Th8 17.Lh6+ Kg8 18.Se4. Aber nach 15...Sc6 ist die Stellung von Schwarz durchaus verteidigungsfähig." (Fischer)
13...Se8
Das ist aktiver als 13...Sd7 14.0-0-0 Sc5 15.Kb1, und nach Se2 sowie c2-c3 vertreibt Weiß den schwarzen Springer.
14.0-0
Möglich war auch 14.0-0-0 Sd6 15.Se2.
14...Sd6
Fischer rechnete hier mit 14...c6 15.Se2, wonach Schwarz entweder seine am besten postierte Figur tauschen lassen muss oder dem weißem Springer gestattet, das Feld g3 und später h5 oder f5 zu erreichen.

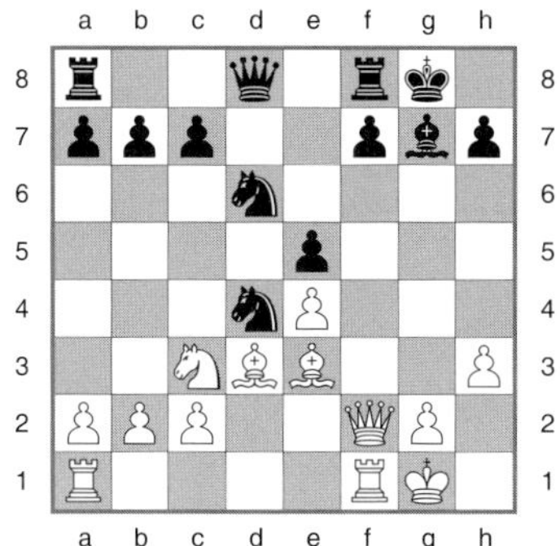

15.Dg3

„Der einzige Weg, die Initiative zu behalten. Falls 15.Sd5, so 15...f5 16.Lxd4 Sxe4! 17.Lxe4 fxe4 mit Bauerngewinn, und nach 15.Se2 f5 hat Schwarz gewichtige Gegenchancen." (Fischer)

15...Kh8

Zu einem bequemen Spiel für Weiß führt 15...f5 16.Lh6 Df6 17.Lxg7 Dxg7 18.Dxg7+ Kxg7 19.exf5 S6xf5 20.Tae1 Tae8 21.Se4, obwohl dann kein forcierter Sieg in Sicht ist.

16.Dg4 c6

Zu passiv. Er sollte 16...c5! spielen.

17.Dh5

Droht 18.Lxd4 exd4 19.e5.

17...De8?

Genauer wäre 17...Se6 oder 17...c5.

18.Lxd4 exd4

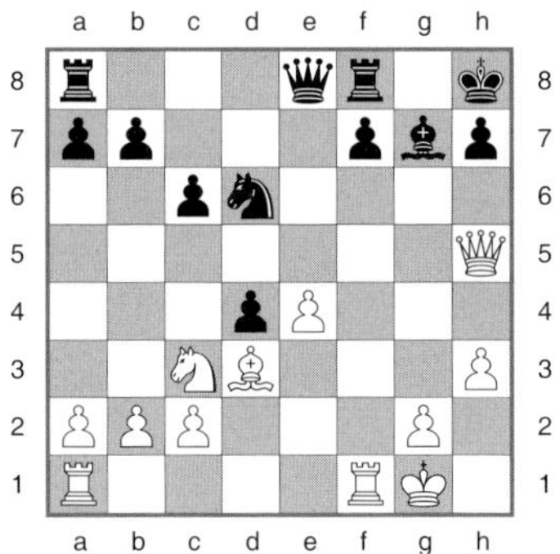

19.Tf6!!

Ein Blitz aus heiterem Himmel. Diesen Keulenschlag hatte Benkö, der 19.e5 f5! erwartete, übersehen.

19...Kg8

Erzwungen. Falls 19...dxc3 oder 19...Lxf6, so 20.e5 nebst Matt.

20.e5 h6 21.Se2!

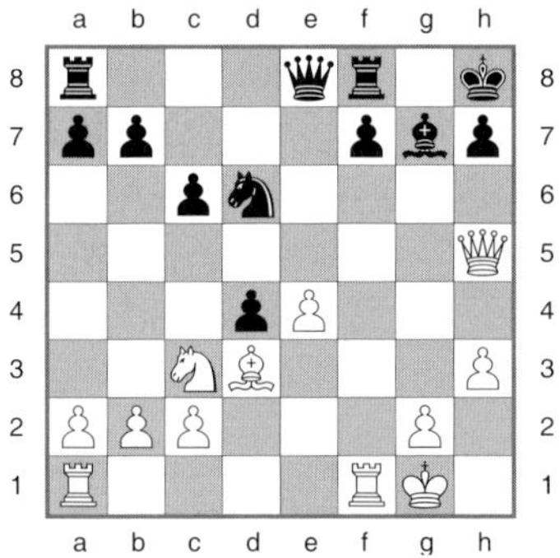

1-0. Schwarz hatte auf 21.Txd6 Dxe5! und Übergang ins Endspiel gehofft, wonach er mit einem blauen Auge davonkommt. Gegen die Drohung 22.Txd6 ist nichts zu machen. Falls 21...Sb5, so geschieht 22.Df5, und auf 21...Lxf6 spielt Weiß 22.Dxh6.

Larsen – Spasski

Belgrad 1970

Larsen-Eröffnung

Anmerkungen: Boris Spasski

Das Duell wurde im legendären Match der Sowjetunion gegen eine Weltauswahl ausgetragen. Am Ende gewann die UdSSR knapp mit 20,5:19,5.

1.b3 e5 2.Lb2 Sc6 3.c4 Sf6 4.Sf3?
Schon ein Fehler. Richtig ist 4.e3, wie es in der Partie Fischer-Tukmakow (Buenos Aires 1970) geschah.
4...e4 5.Sd4 Lc5! 6.Sxc6 dxc6 7.e3 Lf5 8.Dc2 De7 9.Le2?
Der zweite Fehlgriff, wonach Weiß in eine schwierige Lage gerät. Notwendig war 9.d4.
9...0-0-0 10.f4
Nach diesem Zug erhält Schwarz unwiderstehlichen Angriff. Larsen musste sich mit 10.Lxf6 Dxf6 11.Sc3 verteidigen.
10...Sg4! 11.g3
Die weiße Stellung ist schon sehr schwach. Auf 11.0-0 geschieht 11...Dh4 12.h3 h5 mit entscheidendem Angriff. Falls aber 11.Sc3, so 11...Txd2! mit klarem Vorteil von Schwarz.
11...h5
Hier war das Opfer 11...Txd2 möglich, doch nach 12.Sxd2 Sxe3 13.Dc3 Td8 ist die Aufgabe von Schwarz schwieriger. Deshalb wählt er einen Weg, der Weiß keine Chancen lässt.
12.h3 h4! 13.hxg4
Über diesen Zug dachte Larsen ungefähr eine Stunde nach. Wenn 13. Lxg4, so folgt 13...Lxg4 14.hxg4 hxg3 15.Tg1 Th1! 16.Txh1 g2 17.Tg1 Dh4+ 18.Ke2 Dxg4+ 19.Ke1 Dg3+ 20.Ke2 Df3+ 21.Ke1 Le7, und Schwarz gewinnt.
13...hxg3 14.Tg1

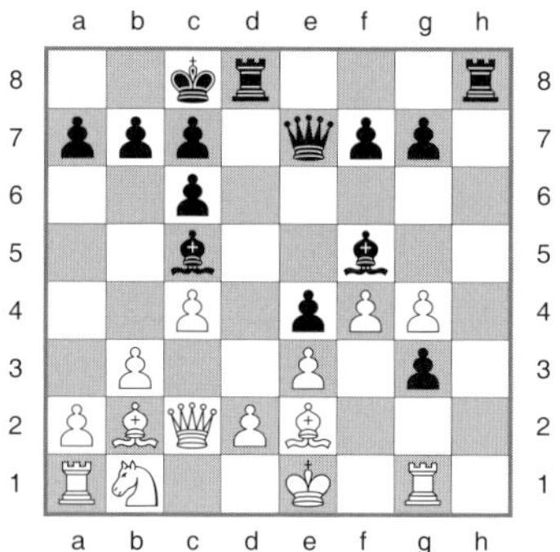

14...Th1!!

Die krönende Kombination.

15.Txh1 g2 16.Tf1

Auf 16.Tg1 würde Schwarz 16...Dh4+ 17.Kd1 Dh1! ziehen.

16...Dh4+ 17.Kd1 gxf1D+

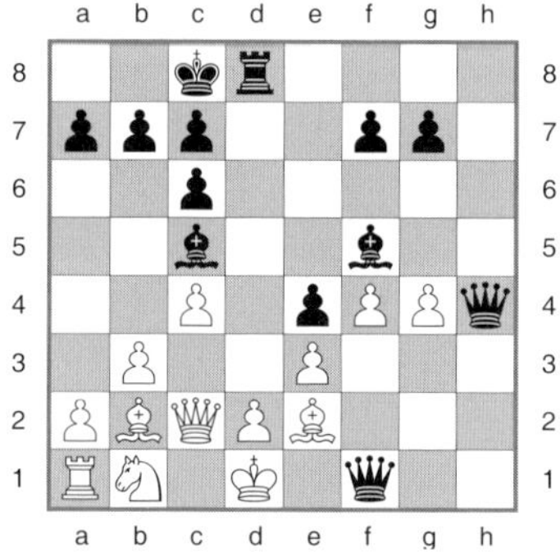

Weiß gab auf. Er kann das Matt nach 18.Lxf1 Lxg4+ nicht verhindern.

Karpow – Kortschnoi

Moskau 1974

Sizilianisch

In der zweiten Partie des WM-Kandidatenfinales errang der junge Anatoli Karpow gegen seinen erfahrenen Kontrahenten einen vielfach bewunderten Sieg.

1.e4 c5 2.Sf3 d6 3.d4 cxd4 4.Sxd4 Sf6 5.Sc3 g6 6.Le3 Lg7 7.f3 Sc6 8.Dd2 0-0 9.Lc4 Ld7 10.h4 Tc8 11.Lb3 Se5 12.0-0-0 Sc4 13.Lxc4 Txc4

In der Drachenvariante attackiert Weiß am Königsflügel, während Schwarz auf der anderen Brettseite angreift.

14.h5 Sxh5 15.g4 Sf6 16.Sde2!

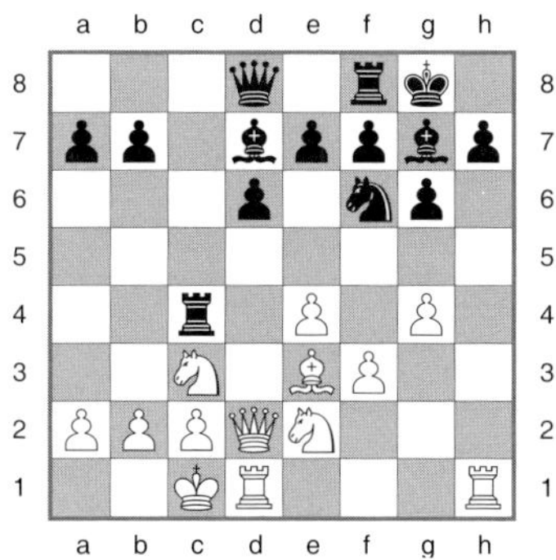

Damals ein neuer Zug. Den Eröffnungsfund hatte sich Karpow speziell für das Match aufgehoben. Von e2 aus schützt der Springer den Punkt c3 und kann zudem leicht in den Kampf am Königsflügel eingreifen. Konkret droht auch 17.e5 dxe5 18.g5.

16...Da5 17.Lh6 Lxh6 18.Dxh6 Tfc8 19.Td3!

Der Versuch 19.g5 Sh5 20.Sg3 würde mit dem unangenehmen Einschlag 20...Txc3! pariert.

19...T4c5

Das erlaubt Weiß, seinen Angriff zielgerichtet zu entwickeln. Schwarz musste mit der Dame nach d8 zurückgehen.

20.g5 Txg5 21.Td5!

Nicht aber 21.Sd5 Txd5, und der Springer als Hauptverteidiger von Schwarz bleibt am Leben.

21...Txd5 22.Sxd5 Te8

Jetzt geht 22...Dd8 nicht wegen 23.Sef4 Df8 24.Sxf6+ und 25.Dxh7 matt.

23.Sef4 Lc6

Es drohte Sxf6+ und Sd5 nebst Matt.

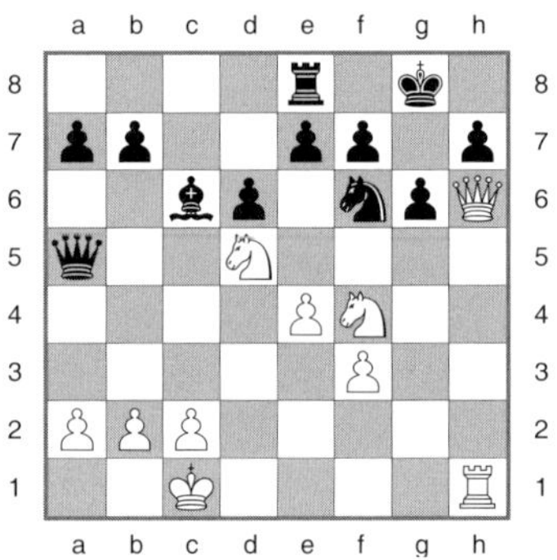

24.e5!

Weiß sperrt die 5. Reihe zu und dominiert das Geschehen. Verfrüht wäre 24.Sxf6+ exf6 25.Sh5 Dg5+ 26.Dxg5 fxg5 27.Sf6+ Kg7 28.Sxe8+ Lxe8.

24...Lxd5

Nach 24...dxe5 25.Sxf6+ exf6 26.Sh5 ist das Matt nicht zu verhindern.

25.exf6 exf6 26.Dxh7+ Kf8 27.Dh8+ 1-0

Auf 27...Ke7 entscheidet 28.Sxd5+ Dxd5 29.Te1+. Das Spiel wurde vom berühmten „Schachinformator“ in Jugoslawien als beste Partie des Jahres ausgezeichnet.

Tal – Miles

Köln-Porz 1981

Caro-Kann

Der Rigaer Michail Tal trug die Schachkrone nur ein Jahr. Doch wegen seiner Herzlichkeit und seines phantasievollen Spiels war er besonders beliebt. Als Meister des Husarenritts zauberte er gern wilde Kombinationen aufs Brett, weshalb viele seiner Partien ein schnelles Ende nahmen.

1.e4 c6 2 d4 d5 3.Sd2 dxe4 4.Sxe4 Sd7 5.Sf3 Sgf6 6.Sg3 e6 7.Ld3 Le7 8.De2 0-0 9.0-0 b6 10.c4 Lb7 11.Lf4 Te8 12.Tad1 c5 13.dxc5 bxc5

Schwarz verfolgt einen falschen Plan. Seine Dame soll aus der d-Linie, er räumt ihr das Feld b6 frei. Dort kann sie aber nichts bewegen. Den Vorzug verdiente 13...Lxc5.

14.Se5 Db6

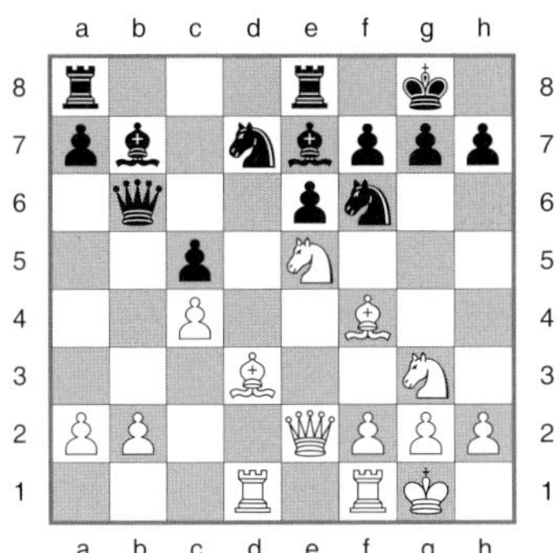

15.Lxh7+!

Michail Tals Armee ist längst zum Angriff bereit. Der erste Einschlag erfolgt an der schwächsten Stelle.

15...Sxh7 16.Txd7 g6 17.b4 Lc8?

Zu versuchen war 17...cxb4 18.Tfd1 Sf8, obwohl Schwarz auch dann schlechter steht. Nach dem Textzug gerät er schnell auf die Verliererstraße.

18.bxc5 Dxc5 19.Se4 Db6 20.Df3 Db2

Guter Rat ist teuer. Nur noch minimale Chancen gab es nach 20...Lxd7 21.Le3 f5.

21.Sxf7

Das nächste Figurenangebot. Der kecke Springer zerschlägt den schwarzen Bauernschutz.

21...Dg7

Nicht aber 21...Kxf7? wegen 22.Lc1+ mit Damengewinn.

22.Sh6+ Kh8 23.Tc7 Tf8 24.Txe7!

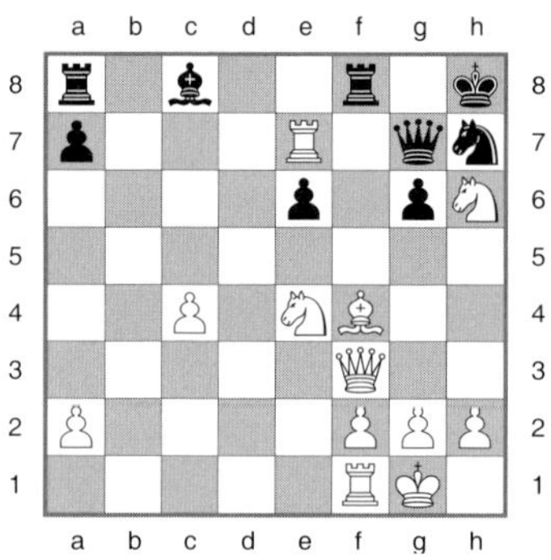

1-0. Mit seiner Dame hatte Antony Miles in dieser Partie kein Glück. Wohin soll die arme Königin jetzt? Der weiße Läufer droht furchtbar mit Schach auf e5. (Oder 23...Txf4 24.Txg7 Kxg7 25.Dxf4.)

Kasparow – Topalow
Pirc-Verteidigung
Wijk aan Zee 1999

Dieses Spiel gehört zu den Großtaten Garri Kasparows. Sein Gegner aus Bulgarien war so mutig, den Fehdehandschuh aufzunehmen. Die Königsjagd über das ganze Brett und das furiose Finale bleiben unvergessen.

1.e4 d6 2.d4 Sf6 3.Sc3 g6 4.Le3 Lg7 5.Dd2 c6 6.f3 b5

7.Sge2 Sbd7 8.Lh6 Lxh6 9.Dxh6 Lb7 10.a3 e5 11.0-0-0 De7 12.Kb1 a6 13.Sc1 0 0 0 14.Sb3 exd4 15.Txd4

Bisher ist noch nichts Aufregendes passiert. Die Variante wurde schon häufiger gespielt.

15...c5 16.Td1 Sb6 17.g3 Kb8 18.Sa5 La8 19.Lh3 d5 20.Df4+ Ka7 21.The1 d4 22.Sd5

Beachtung verdiente auch 22.Sa2, aber Kasparow gefällt die aktivere Fortsetzung natürlich besser.

22...Sbxd5 23.exd5 Dd6

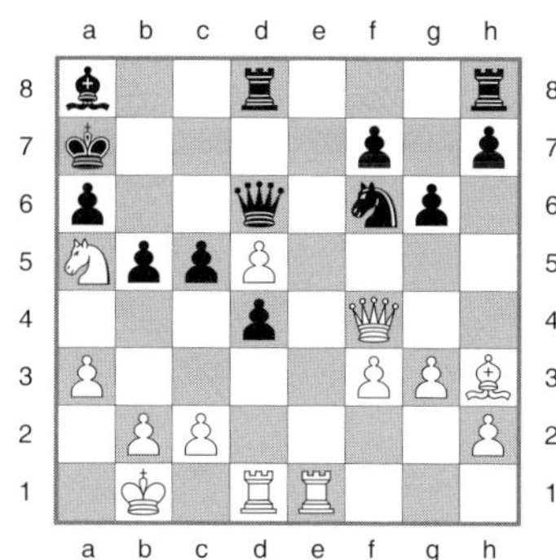

24.Txd4!!

Wie aus heiterem Himmel opfert Weiß seinen Turm. Der furchtlose Kämpfer Topalow sagte uns später: „So ein Angebot kann man nicht ablehnen."

24...cxd4

Sicherer war 24...Kb6!? 25.b4 Dxf4 (25...cxd4?? führt zum Matt in drei Zügen: 26.Dxd4+ Kc7 27.Da7+ Lb7 28.Dxb7#) 26.Txf4 Sxd5 27.Txf7 cxb4 28.axb4 Sxb4.

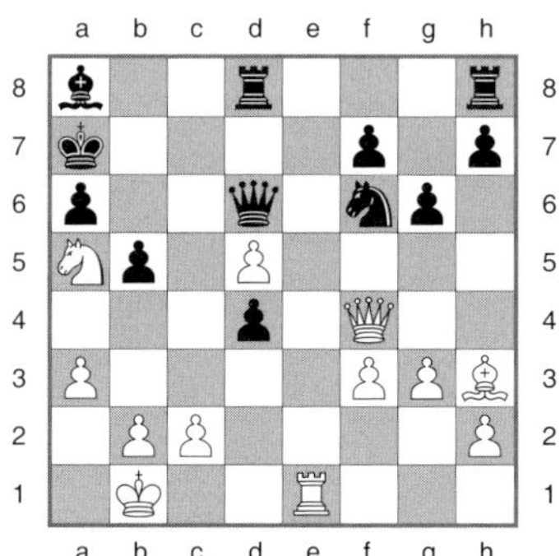

25.Te7+!

Das ist die eigentliche Idee der großartigen Kombination.

25...Kb6

Den zweiten Turm kann Schwarz bei Strafe seines Untergangs nicht auch noch schlagen: 25...Dxe7 26.Dxd4+ Kb8 27.Db6+ Lb7 28.Sc6+ nebst Matt.

26.Dxd4+ Kxa5 27.b4+ Ka4 28.Dc3! Dxd5

Nicht jedoch 28...Lxd5? 29.Kb2 De6 30.Dc7 Db6 31.Dxb6 Lxf3 32.Dxa6#.

29.Ta7 Lb7 30.Txb7 Dc4

Auf 30...Dxb7?? folgt 31.Db3#.

31.Dxf6 Kxa3?

Schwarz musste 31...Td1+ 32.Kb2 Ta8 spielen. Jetzt kommt er unter die Räder.

32.Dxa6+ Kxb4 33.c3+

Nach diesem Räumungszug droht Da1-b2.

33...Kxc3

Hinlenkung des schwarzen Königs auf ein ungünstiges Feld. Auf 33...Dxc3 folgt das tödliche 34.Dxb5+.

34.Da1+ Kd2

34...Kb4 würde nichts am Ausgang der Partie ändern: 35.Db2+ Ka5 36.Da3+ Da4 37.Ta7+ Kb6 38.Txa4 bxa4 39.Ld7+-.

35.Db2+ Kd1

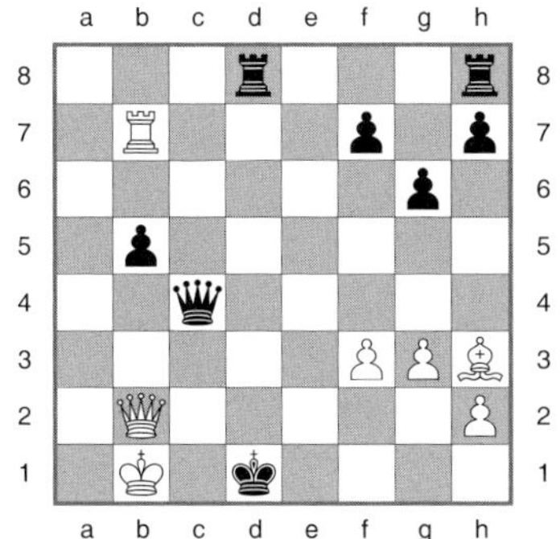

36.Lf1!

Ein meisterhafter Zug, der die feindliche Dame ablenken soll. Die Schlinge um den Hals des Gegners wird immer enger.

36...Td2

36...Dxf1 würde die Kontrolle über das Feld c2 aufgeben und nach 37. Dc2+ ein Matt für die Taktikbücher einleiten.

37.Td7! Txd7 38.Lxc4 bxc4 39.Dxh8 Td3 40.Da8

Auch 40. f4 ließe Schwarz keine Chancen mehr.

40...c3

Das Racheschach 40...Tb3+ wäre wegen 41.Ka2 zwecklos.

41.Da4+ Ke1

Ende einer langen Odyssee des Königs.

42.f4 f5 43.Da7

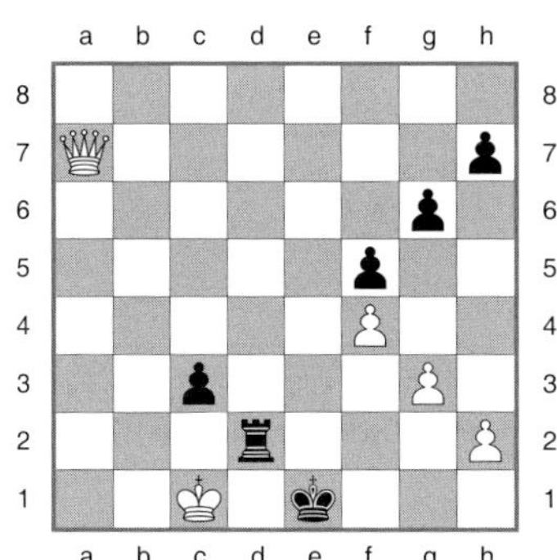

1-0. Die Jagd ist vorbei. Weitere Verluste wollte Schwarz nicht mehr sehen.

Aronjan – Anand
Damengambit
Wijk aan Zee 2013

Weltmeister Viswanathan Anand gilt als Naturtalent mit großer Kombinationsgabe. Die folgende Glanzpartie zählt der Inder zu den besten Leistungen seiner Karriere.

1.d4 d5 2.c4 c6 3.Sf3 Sf6 4.Sc3 e6 5.e3 Sbd7 6.Ld3 dxc4 7.Lxc4 b5 8.Ld3 Ld6 9.0-0 0-0 10.Dc2 Lb7 11.a3 Tc8 12.Sg5
Levon Aronjan greift den Bauern h7 an, sein Gegner lässt ihn einfach stehen.

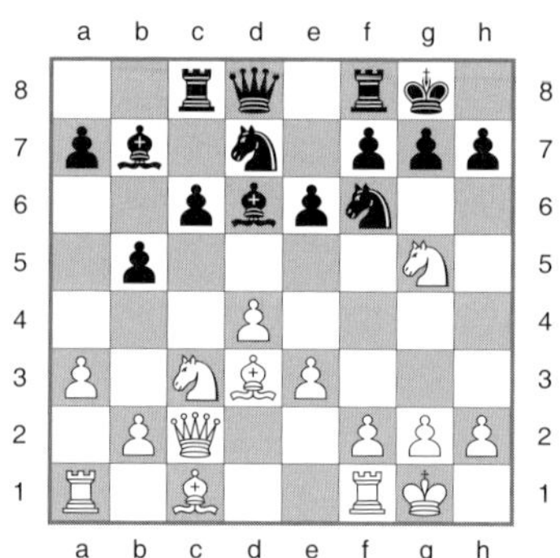

12...c5!
Ein neuer Zug, der den Auftakt zu einer Opferkaskade bildet.
13.Sxh7?!
Nach Ansicht des Weltmeisters war 13.Lxh7+ die bessere Wahl.
13...Sg4 14.f4? cxd4 15.exd4 Lc5!!
Dieses Opfermotiv ist selten. Schwarz will die d-Linie frei

räumen, damit seine Dame den weißen König nicht nur über h4, sondern auch über d4 angreifen kann.

16.Le2?

Aronjan ist geschockt und übersieht auch den nächsten Keulenschlag. Sonst hätte er 16.dxc5 Sxc5 vorgezogen.

16...Sde5!! 17.Lxg4

Oder 17.fxe5 Dxd4+ 18.Dg1+! 19.Txg1 Sf2 matt.

17...Lxd4+ 18.Kh1 Sxg4 19.Sxf8

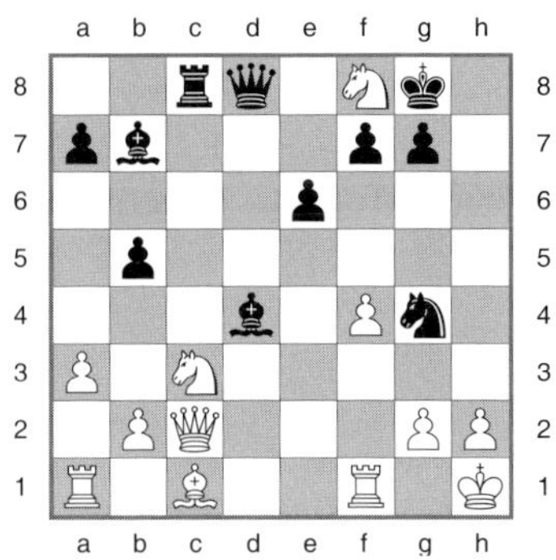

Zuschauer und Kommentatoren fragten sich hier, ob Schwarz sich wohl verkalkuliert habe. Nach 19...Dh4 20.Dh7+ und Damentausch behält Weiß immerhin eine Qualität mehr.

19...f5!!

Der dritte geniale Zug in dieser Partie. Anand ist längst aus seiner Heimanalyse heraus und musste ihn am Brett finden. Der Damentausch wird verhindert, und Schwarz kann nach wie vor mattsetzen.

20.Sg6 Df6 21.h3 Dxg6 22.De2 Dh5 23.Dd3?!

Das verliert sofort. Zu versuchen war noch 23.Tf3, aber auch dann hält sich Weiß nicht mehr lange: 23...Lxf3 24.Dxf3 Sf2+ 25.Kh2 Dxf3 26.gxf3 Sd3.

23...Le3!

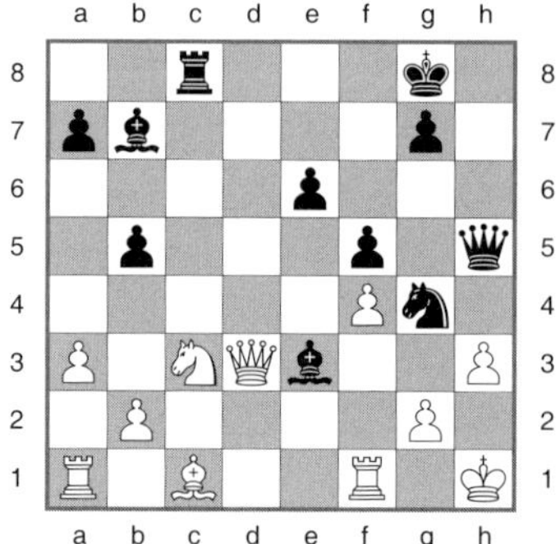

Krönender Abschluss einer wunderbaren Partie. Der Läufer verhindert, dass die weiße Dame den Punkt h3 überdeckt. Auf 24.Lxe3 folgt 24…Dxh3+ nebst 25…Dh2 matt. 0-1. Die Perle von Wijk aan Zee 2013 erinnert stark an die legendäre Partie Rotlewi-Rubinstein (Lodz 1907).

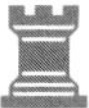

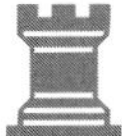

Wie erfreue ich meinen Gegner?

Der vorletzte Fehler gewinnt

SAVIELLY TARTAKOWER

Schachspieler setzen sich mit der Absicht ans Brett, ihren Gegner zu besiegen, wenn's geht, möglichst glanzvoll. Um sie in diesem Bestreben zu unterstützen, gibt es sehr viel Literatur. Man publiziert zur Vorbildwirkung Großmeisterpartien, theoretische Werke, erläutert Angriffs- und Verteidigungsstrategien und weist auf mögliche Fehler hin.

Auch im Schach werden Sieger besonders bewundert. Mit dem Gewinn einer Partie demonstrieren sie neben der sportlichen ihre geistige Überlegenheit. Nur die wenigsten Zeitgenossen interessieren sich für die Verlierer. Was sehr ungerecht ist, weil es davon genauso viele gibt wie Sieger. Erst durch ihr Versagen können sich die Gewinner hervortun. Damit jemand mit tiefgründigem Positionsspiel oder einer schönen Mattkombination glänzen kann, muss ihm der Gegner auch die Chance dazu einräumen.

Möglichkeiten des Strauchelns gibt es im Schach unendlich viele. Sie lauern von der Eröffnung bis ins Endspiel. Wohl jeder von uns ist schon mal nach wenigen Zügen in eine tückische Falle getappt, hat im Mittelspiel eine Fesselung oder Springergabel übersehen, eine Figur eingestellt und sich im Bauernendspiel um ein winziges Tempo verzählt. Der Kontrahent kann dann sein Glück nicht fassen und ergreift die Gelegenheit ungeniert beim Schopf. Während der Verlierer mit den Zähnen knirscht und betrübt sein Lehrgeld zahlt, wird der Sieger bejubelt. Dabei sollte Letzterer sich lieber bedanken, dass ihn der Partner am Brett so mit seinen Fehlern erfreute. Der Unterlegene hat doch erheblichen Anteil am Sieg, weil er den Gewinner großmütig beschenkte. Nicht selten damit, dass er den vorletzten Fehler machte.

Was also geschieht mit den Verlierern? Ihre Zahl ist mathematisch genauso groß wie die der Sieger. So mancher Schachspieler muss im Leben hauptsächlich Niederlagen einstecken. Auch bei Remispartien fühlt sich einer der Partner oft als Versager und schleicht verärgert nach Hause. Dieser Gemütslage entgegenzuwirken, Trost zu spenden und Freude am Schach zu vermitteln – dafür ist dieses Kapitel gedacht. Mit der Losung „Wie erfreue ich meinen Gegner?“ unterstützen wir das in der heutigen Zeit so oft geforderte positive Denken: Wenn ich einen miserablen Zug mache, verschaffe ich dem Partner ein Erfolgserlebnis, das sollte ich mir als gute Tat anrechnen.

Da jede Medaille zwei Seiten hat, könnte die Kapitelüberschrift natürlich auch „Wie verärgere ich meinen Gegner?“ heißen. Schadenfreude ist bekanntlich die schönste Freude. Doch dieser Ansatz erscheint uns zu negativ. Deshalb ist das vorliegende Kapitel allen Verlierern gewidmet, die in einem schwachen Moment strauchelten, sich verrechneten oder in Zeitnot keine vernünftigen Züge mehr fanden. Nur dadurch sind glänzende Siege wie die auf den nächsten Seiten überhaupt möglich geworden. Die großen Meister bilden da keine Ausnahme. Auch sie brauchen für ihre Glanztaten stets einen Verlierer.

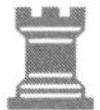

Schwartz – Kieseritzky

Paris 1842

Damengambit

Wissen Sie, dass die unsterbliche Partie Anderssen - Kieseritzky (London 1851) einen Vorläufer hatte? Auch die folgende, weniger bekannte Kombination wurde von keinem anderen als Lionel Kieseritzky ermöglicht.

1.d4 d5 2.c4 dxc4 3.e4 f5?! So riskant spielen heute nicht einmal Amateure. Eine gute Fortsetzung ist 3...e5 4.Sf3 exd4 5.Lxc4 Lb4+ 6.Ld2 Lxd2+ 7.Dxd2 c5 8.0-0 Sf6 9.Dg5 0-0 mit Ausgleich. **4.e5 Le6 5.Sc3 c6 6.Df3 g6 7.Sh3 Ld5 8.Sxd5 cxd5 9.Sf4 Da5+?** Nach diesem Zug gerät Schwarz bereits mächtig ins Hintertreffen. Notwendig war 9...Sc6 10.Se6 Dd7 11.Sc5 Dd8 12.Se6 Dd7 und Remis. **10.Ld2 Db6 11.Dxd5 Dxb2**

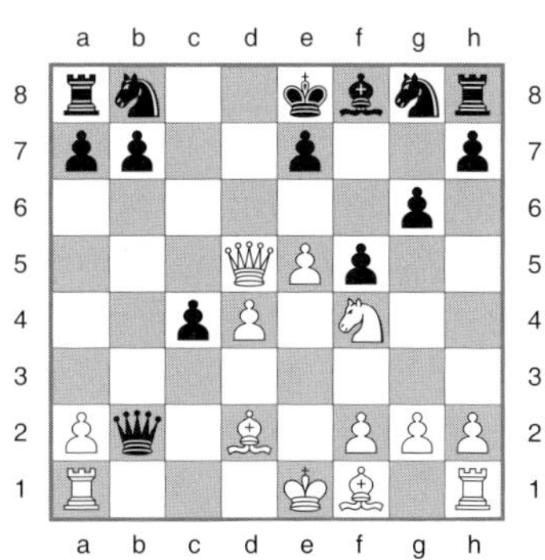

12.Lxc4! Weiß gibt jetzt beide Türme, so wie Anderssen neun Jahre später gegen Kieseritzky in London. **12...Dxa1+ 13.Ke2 Dxh1 14.Df7+ Kd7** Der Angriff wird unwiderstehlich. **15.e6+ Kc7 16.Sd5+ Kc6 17.De8+ Kd6 18.Lf4+ Kxe6 19.Sf6+ Kxf6 20.Df7** matt.

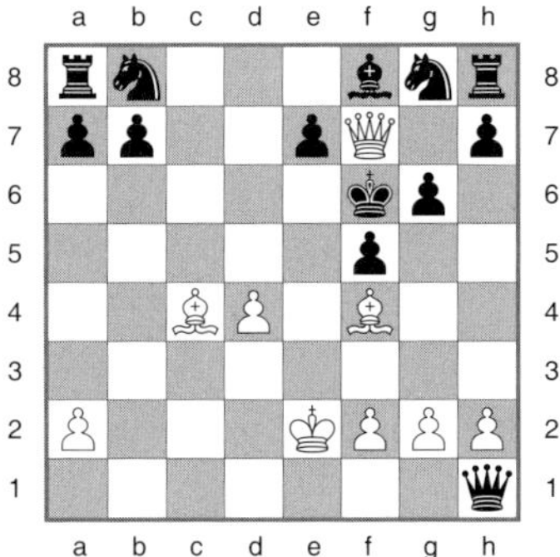

Eine Partie im Hurra-Stil mit dem gleichen Verlierer. So kann man doppelt unsterblich werden.

Pillsbury – Maroczy

Paris 1900

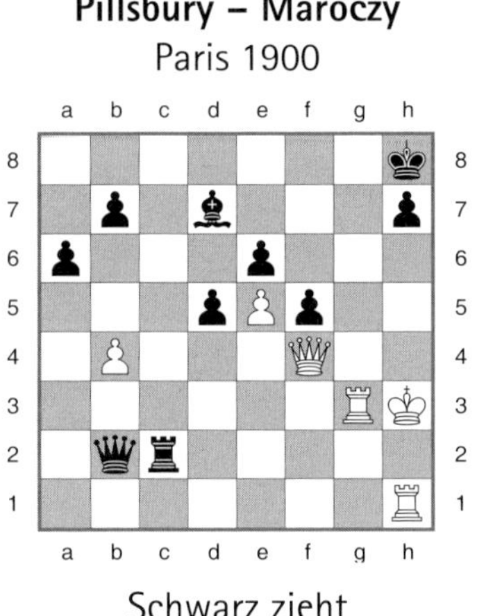

Schwarz zieht

Bisher hat Geza Maroczy den Kampf offen gestaltet. Jetzt greift er fehl und macht damit seinen Gegner glücklich. **43... Tc8?** Richtig war 43...Lb5!, und der starke Läufer sowie die Bauernphalanx garantieren dem Schwarzen mindestens Ausgleich. Es droht immer ein Schach auf f1, verbunden mit großen Unannehmlichkeiten für Weiß. Nach dem Textzug

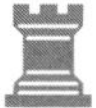

dreht Pillsbury das Spiel zu seinen Gunsten: **44.Dh6 Dxe5? 45.Dxh7+ Kxh7 46.Kg2** matt. Durch den Sieg sicherte sich der Amerikaner beim Turnier der damaligen Schachelite in Paris den zweiten Platz hinter Emanuel Lasker.

Neumann – Przepiorka

Wien 1904

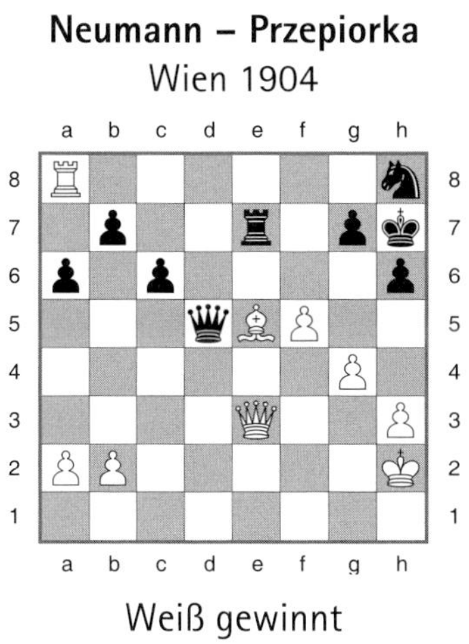

Weiß gewinnt

Im Spielverlauf versäumte Schwarz den möglichen Damentausch. Nachdem er 42...Te7? gezogen hat, um den Läufer e5 zu gewinnen, packt Weiß die Keule aus. Mit stiller Freude serviert Herr Neumann seinem Gegner ein dreizügiges Matt: **43.Dxh6+! Kxh6 44.Txh8+ Kg5 45.Th5** matt. Sehr effektiv.

Lasker – Euwe

Nottingham 1936

In diesem Turnier, bei dem Capablanca und Botwinnik den Sieg teilten, spielten auch der neue Weltmeister Max Euwe und der Ex-Champion aus Deutschland. In beinahe gleicher Stellung suchte der Holländer nach einem Gewinnweg und wurde von Emanuel Lasker ausgekontert.

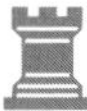

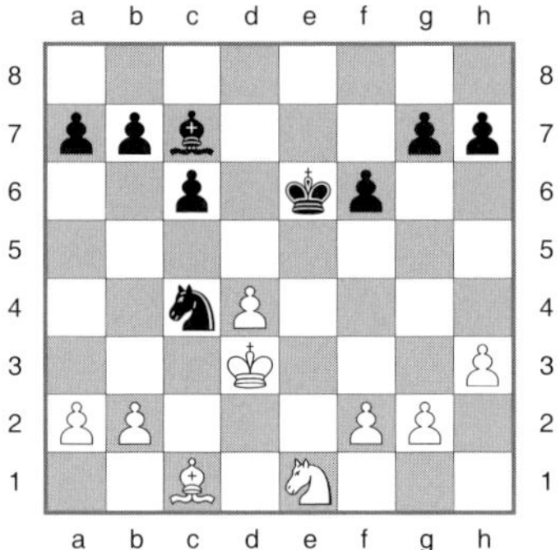

Was soll Schwarz hier am besten tun? Den Springer mit 23... b5 schützen oder lieber zurückziehen? Doch Euwe tat nichts von beidem, sondern spielte **23...La5??** Aljechin schrieb in seinem Partiekommentar, dass dieses Manöver nicht zu verstehen sei, weil Schwarz nach 24.Sc2 oder 24.Kxc4 Lxe1 25.Le3 keinerlei Vorteil erzielen kann. Der alte Fuchs Lasker, damals schon 68 Jahre alt, widerlegte den leichtsinnigen Zug des amtierenden Weltmeisters mit dem schönen **24.b4!**, wonach Schwarz eine Figur verliert: **24...Lxb4 25.Sc2 Ld2 26.Lxd2 Sb2+ 27.Ke3 Kd5 28.Lc1 Sc4+ 29.Kd3 Sb6 30.Se3+ Ke6 31.Sc4 Sc8 32.Sa5 Sd6 33.Lf4** 1-0.

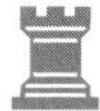

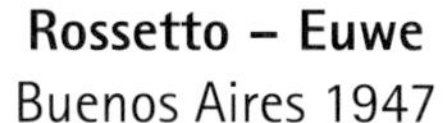

Rossetto – Euwe

Buenos Aires 1947

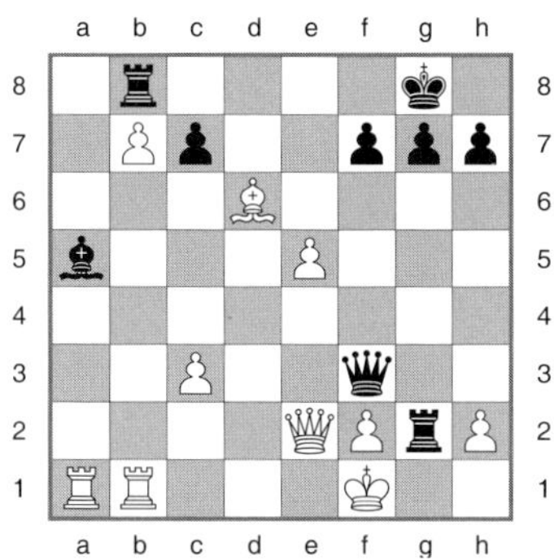

Schwarz zieht

Ein gutes Jahrzehnt später erfreute Euwe, jetzt Exweltmeister, wieder einen Gegner, als er in der Diagrammstellung mit **25...Tg1+** fortsetzte. Auf den ersten Blick sieht der Zug toll aus. Er liegt einfach nahe, denn für den Turm bekommt Schwarz immerhin Rosettos Dame. Das genügt aber nicht zum Sieg, weil Weiß noch starke Ressourcen und der Nachziehende ein Grundreihenproblem hat. Weiter geschah **26.Kxg1 Dxe2 27.Txa5 Dg4+ 28.Kf1 Dc4+ 29.Kg1 Dg4+ 30.Kf1**, und jetzt hätte Max Euwe sich mit Remis durch Dauerschach begnügen müssen. Der Holländer wollte jedoch mehr, was nur seinem Gegner in die Hände spielte. **30...De4? 31.Tb4 Dh1+ 32.Ke2 cxd6 33.Ta8** 1-0. Hector Rossetto hatte Glück. Denn mit 25...Dh3! konnte Euwe den Kampf zu seinen Gunsten entscheiden, wie die Variante 26.Txa5 Txh2+ 27.Ke1 Th1+ 28.Kd2 Txb1 zeigt.

Kotow – Smyslow
Budapest 1950

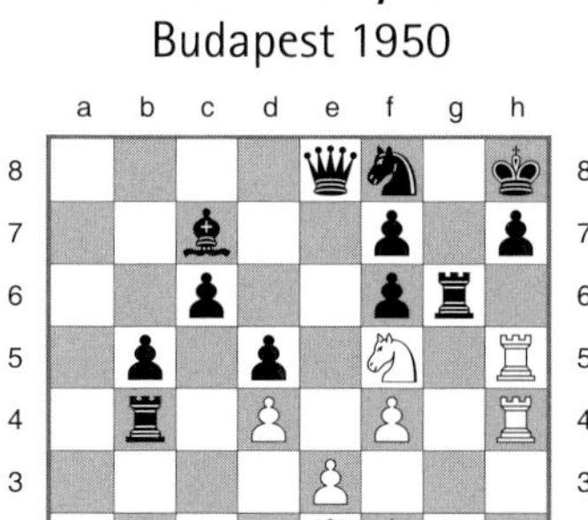

Weiß zieht

Nicht immer gewinnt, wer die bessere Stellung hat. In dieser Partie aus einem Kandidatenturnier steht Weiß großartig. Seine beiden Türme auf der h-Linie sind bereit, mit Unterstützung der anderen Figuren den feindlichen König mattzusetzen. Der entscheidende Schlag will aber gut vorbereitet sein. Alexander Kotow ist zu ungeduldig, sein sofortiger Angriff stößt auf Wassili Smyslows energischen Widerstand: **39.Txh7+ Sxh7 40.Dh5 Dg8 41.Se7 Txg2+ 42.Kf3** Alles prima, dachte Weiß. Die schwarze Dame ist angegriffen, ein Matt droht auf h7, aber... **42...Tf2+!! 43.Kxf2 Tb2+,** und Kotow streckte die Waffen. Der schwarze Turm machte seiner Dame den Weg frei, wonach Weiß jetzt selber matt wird. Grund zur Freude hatte nur Smyslow, der Tartakowers geistreichen Rat befolgte: „Opfere, um nicht selbst Opfer zu werden!“

Donner – Dückstein
Wageningen 1957

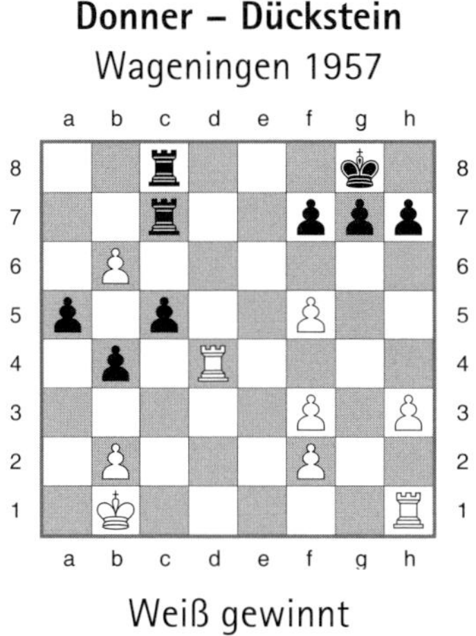

Weiß gewinnt

Bei einem Zonenturnier in Holland übersah Österreichs früherer Topspieler Andreas Dückstein den fiesen Trick seines Gegners: **32.Td8+!** 1-0. Das berühmte Luftloch fehlt, Weiß droht matt und die Bauernumwandlung auf der achten Reihe: 32...Txd8 33.bxc7 Tc8 34.Td1+-.

Fidlow – Maier
USA 1959
Damengambit

1.d4 d5 2.c4 e6 3.Sc3 c5 Die Tarrasch-Verteidigung. **4.cxd5 cxd4 5.dxe6 dxc3?** Der Normalzug ist 5...Lxe6, wonach Schwarz sogar besser steht.

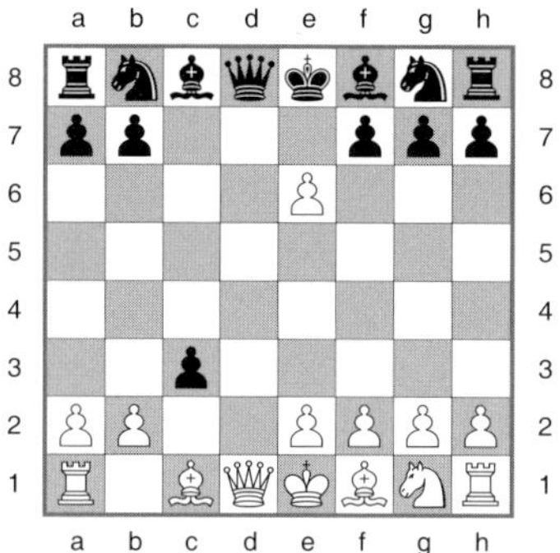

6.exf7+! Ein bekanntes Einschlagmotiv. Der Bauer ist wegen Damenverlusts tabu.

6... Ke7 7.fxg8S+ Dieses pfiffige Manöver hatte Schwarz nicht auf der Rechnung. 7...Txg8 8.Lg5+ 1-0. Erstaunlich, dass es in einer Fernpartie passierte. Wahrscheinlich hatte Schwarz das Brett bei seinen Antworten gar nicht aufgebaut.

Rossolimo – Reissmann
Puerto Rico 1967
Spanisch

1.e4 e5 2.Sf3 Sc6 3.Lc4 Lc5 4.c3 Sf6 5.d4 exd4 6.cxd4 Lb4+ 7.Ld2 Lxd2+ 8.Sbxd2 d5 9.exd5 Sxd5 10.Db3 Sce7 11.0–0 c6 12.Tfe1 0–0 13.a4 b6 14.Se5 Lb7? Der Läufer musste nach e6, wo er zur Verteidigung gebraucht wird.

15.a5 Tc8 16.Se4 Dc7 17.a6 La8 18.Dh3 Sf4 19.Dg4 Sed5 20.Ta3 Se6?

Der Verlustzug. Notwendig war 20...c5, obwohl Schwarz auch dann ernste Probleme hat. Nun freut sich der Haudegen Nicolas Rossolimo. **21.Lxd5 cxd5 22.Sf6+ Kh8** Reissmann bekommt jetzt einen Zug vorgesetzt, den er und viele andere sicher nie für möglich gehalten hätten.

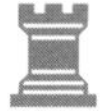

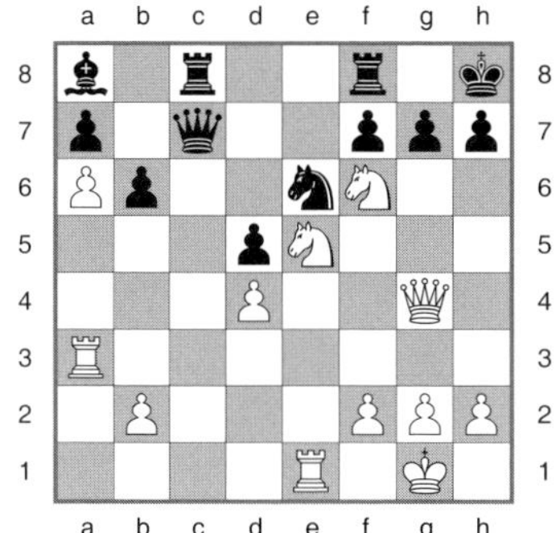

23.Dg6!! Ein brillantes Damenopfer a la Marshall, wonach Schwarz dem Matt nicht entkommt. Schön gewonnen hätte auch 23.Dxe6! fxe6 24.Sg6+ nebst Matt auf h3, aber der Partiezug ist spektakulärer. **23...Dc2 24.Th3** 1-0. In einem Nachruf auf Rossolimo (1910-1975) schrieb Pal Benkö, dass dieser Schach vorrangig als Kunst verstand und den Vorschlag gemacht hatte, Punkte nach dem künstlerischen Gehalt einer Partie statt nach dem Resultat zu vergeben.

Schmid – Rossolimo
Heidelberg 1949
Spanisch

Bei dem Turnier, wo er Zweiter hinter Wolfgang Unzicker wurde, beeindruckte Rossolimo gegen Lothar Schmid mit einem doppelten Turmopfer.
1.e4 e5 2.Sf3 Sc6 3.Lb5 a6 4.La4 Sf6 5.0-0 Le7 6.Te1 b5 7.Lb3 0-0 8.c3 d6 9.h3 a5 10.d4 exd4 11.Sxd4 Sxd4 12.cxd4 Lb7 13.Lc2 c5 14.a4 b4 15.Sd2 cxd4 16.Sb3 d5 17.e5 Se4 18.Sxd4 f6 19.Se6 Db6 20.Lxe4 Dxe6 21.exf6 dxe4 22.fxe7 Dxe7 23.Db3+ Kh8 24.Le3 Ta6 25.Tac1 Tg6 26.Tc5 Dh4 27.Kh2? Der natürlich aussehende Zug soll 27...Dxh3 verhindern. Er führt aber geradewegs ins Verderben.

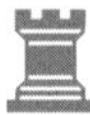

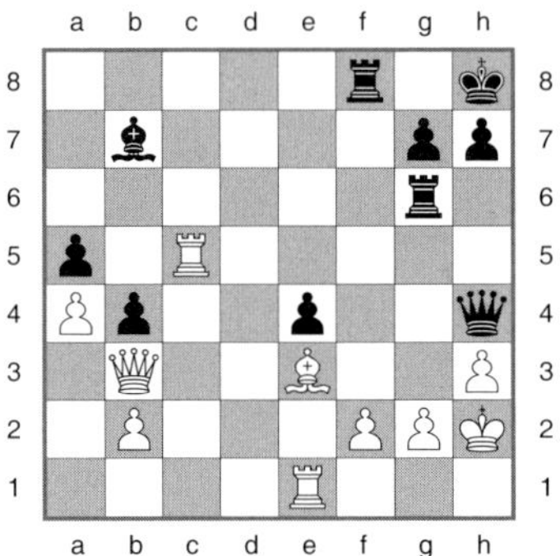

27...Txg2+ 28.Kxg2 Txf2+ 0-1. Auf 29.Lxf2 folgt das Abzugsschach 29...e3+ und 30.Kh2 Dxf2 matt. Auch 30.Td5 nützt nichts wegen 30...Dxf2+ 31.Kh1 Dxe1+ 32.Kh2 Df2+ 33.Kh1 e2 nebst Matt. Am besten ist noch 30.Dd5, aber dann verliert Weiß Haus und Hof: 30...Lxd5+ 31.Txd5 Dxf2+ 32.Kh1 Dxe1 33.Kg2 Df2+ 34.Kh1 Df3+ 35.Kg1 Dxd5 mit leichtem Gewinn.

Jonasson – Angantysson

Reykjavik 1984

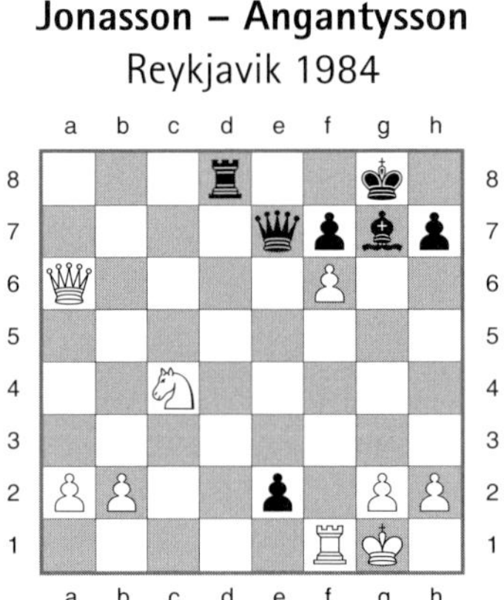

Statt 26...Lxf6 zu spielen, brachte Schwarz mit 26...e2 ein verrücktes Damenopfer. Es ist nicht korrekt, aber erfüllt hier als Bluff seinen Zweck. In der Partie folgte **27.fxe7 Ld4+,**

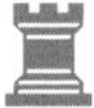

und Weiß gab auf. Unnötigerweise, weil er die rettende Variante 28.Se3! Lxe3+ 29.Kh1 nicht sah. Jetzt ist das Feld f1 durch die Dame gedeckt. Hinterher freute sich nur einer.

Stefansson – Lutz
Manila 1992

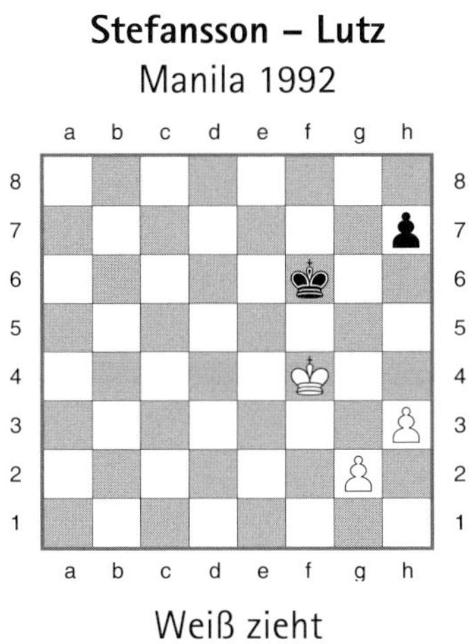

Weiß zieht

Ein Partieschluss von der Schacholympiade in der philippinischen Hauptstadt. Deutschland gewann in der zwölften Runde gegen Island 2,5:1,5, weil Christopher Lutz ein verlorenes Bauernendspiel remis halten konnte. Aber nicht ohne die Hilfe seines Gegners Hannes Stefansson. Nach 59.h4! Kg6 60.Kg4 h6 61.Kf4 Kf6 62.g4 Ke6 63. Ke4 Kf6 64.Kd5 ist die Partie für Weiß leicht gewonnen. Er zog jedoch **59.g4??**, und nach **59...Kg6 60.h4 Kf6 61.g5+ Kg6 62.Kg4 h6 63.h5+ Kg7 64.g6 Kg8** war Schwarz glücklich über den halben Punkt. Eine wundersame Rettung dank der Liebenswürdigkeit des jungen Isländers.

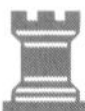

Lutz – Stefansson

Budapest 1991

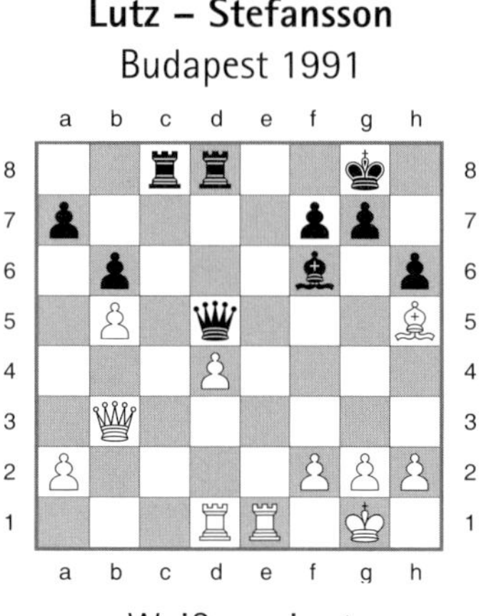

Weiß gewinnt

Auch Schachspieler treffen sich mindestens zweimal im Leben. Schon ein Jahr zuvor hatte sich der Mann von der Vulkan-Insel als noch besserer Kunde für den Kölner erwiesen. Nach dem Patzer 22...Dd5?? erobert **23.Te8+!** Material und den ganzen Punkt. 1-0

Gelfand – Schirow

Chalkidiki 1993

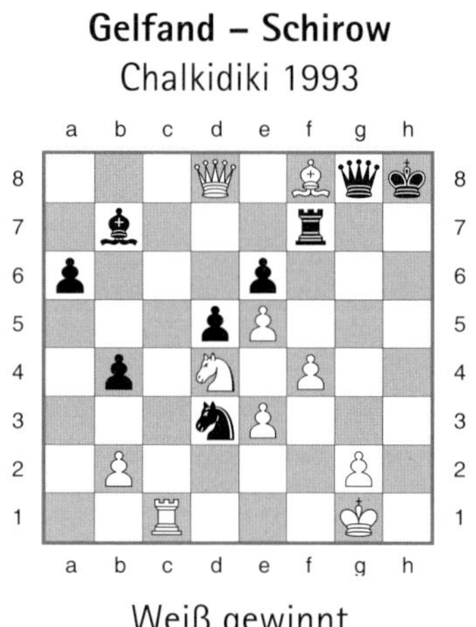

Weiß gewinnt

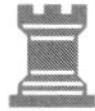

In diesem Duell hat der Schach-Magier Alexej Schirow die Deckung zu sehr vernachlässigt und wird von seinem Kollegen Boris Gelfand entzaubert. **37.Tc7! Txc7** (38...Dxf8 39.Dh4+ Kg8 40.Se6+-.) **38.Df6+ Tg7 39.Sxe6** 1-0

Ashley – Schabalow

New York 1993

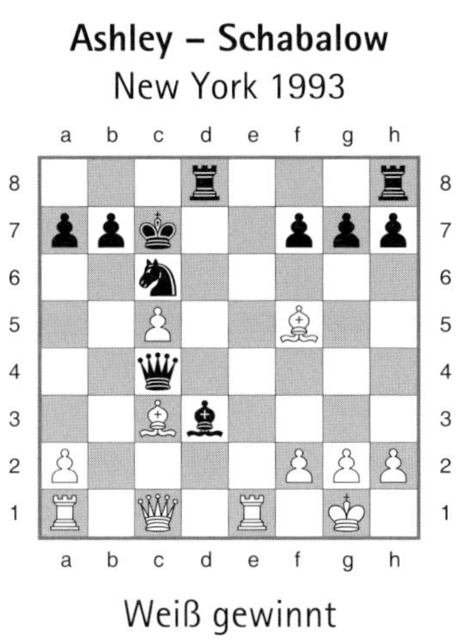

Weiß gewinnt

Maurice Ashley ist der erste farbige Großmeister der USA. Er machte sich auch als Schachkommentator einen Namen. Mit Vergnügen erlebte ich ihn, als er beim WM-Duell Kasparow-Anand 1995 in New York die Züge der beiden Finalisten in der obersten Etage des World Trade Centers wie ein Sportreporter kommentierte. Auch auf dem Brett ist Ashley sehr temperamentvoll. Hier nutzte er die ungünstige Lage des schwarzen Königs auf der c-Linie. Alexander Schabalows Hauptakteur war nach einem Läuferschach von f5 aus nicht vorsorglich auf das Feld b8 gegangen und erhielt jetzt die Quittung: **18.Te4! Sd4** (oder 18...Lxe4 19.Df4+) **19.Df4+ Kc6 20.Lxd4 Td5 21.Lxg7 Dxc5 22.Tc1** 1-0

Grigore – Ionescu
Bukarest 2004
Skandinavisch B01

1.e4 d5 2.exd5 Dxd5 3.Sc3 Da5 4.d4 Sf6 5.Sf3 c6 6.Se5 Le6 7.Lc4 Lxc4 8.Sxc4 Da6 9.De2 Sbd7?? Ein netter Schnitzer, aber nicht neu.

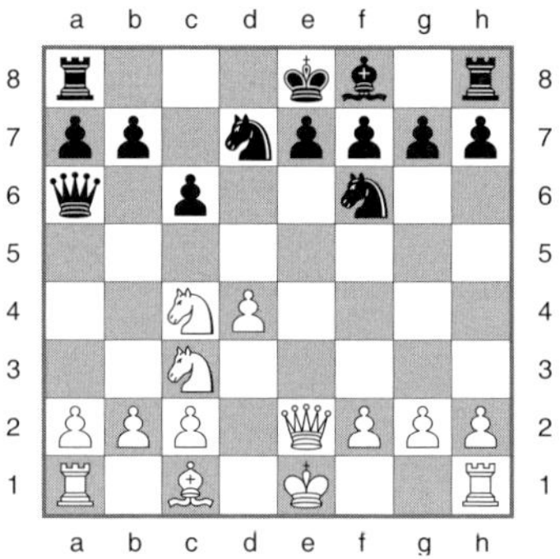

10.Sd6+! 1-0. Das weiße Pferd will jetzt auf f7 ein Gabelfrühstück zu sich nehmen, Schwarz jedoch nicht dabei zuschauen.

Uhlmann – Rodriguez
Dresden 2007

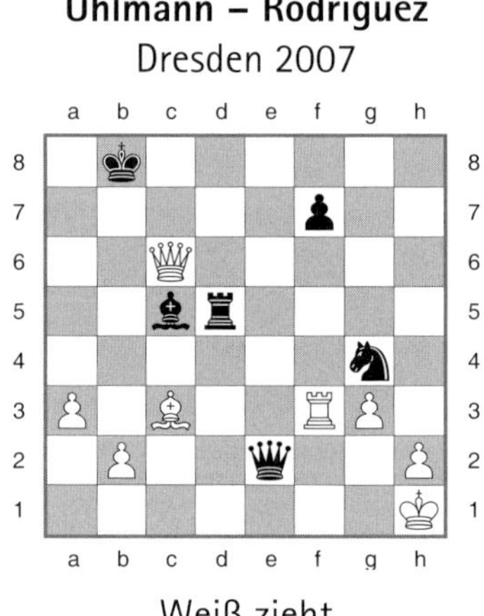

Weiß zieht

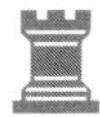

Es passierte bei der Team-Europameisterschaft in Wolfgang Uhlmanns Heimatstadt. Wir waren Augenzeugen, wie Weiß am Zug in der Diagrammstellung das Spiel aufgab! Warum eigentlich? Er hatte nur noch wenige Sekunden auf der Uhr, und Schwarz drohte Matt auf h2. Dennoch gab es eine Rettung aus der scheinbar aussichtslosen Situation. Das listige Schach **35.Le5+!!** gewinnt leicht, weil jetzt der Weg für den weißen Turm frei wird. Nach 35...Txe5 36.Tb3+ hätte Uhlmanns Gegner, der katalanische Großmeister Vargas Rodriguez, das Handtuch werfen müssen. Dresdens Schachlegende war hinterher untröstlich, die Freude hingegen bei dem Mann aus Barcelona.

Sandipan – Slingerland

Leiden 2008

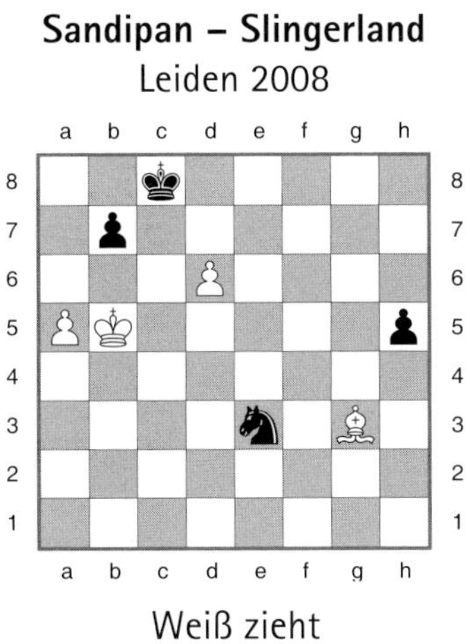

Weiß zieht

Der indische Großmeister Sandipan Chanda steht klar auf Gewinn. In der Partie zog er aber zur Erleichterung seines Gegners 61.Kc5? worauf 61...Kd7 62.Lf4 Sf5 63.Kd5 h4 64.Kc5 und Remis folgte. Dabei hätte **61.a6!** souverän gewonnen. Schwarz muss den Bauern schlagen, so dass der

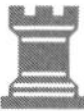

weiße König das wichtige Feld c6 besetzen kann, worauf der d-Bauer den Kampf entscheidet.

Socko – Naiditsch
Dresden 2008

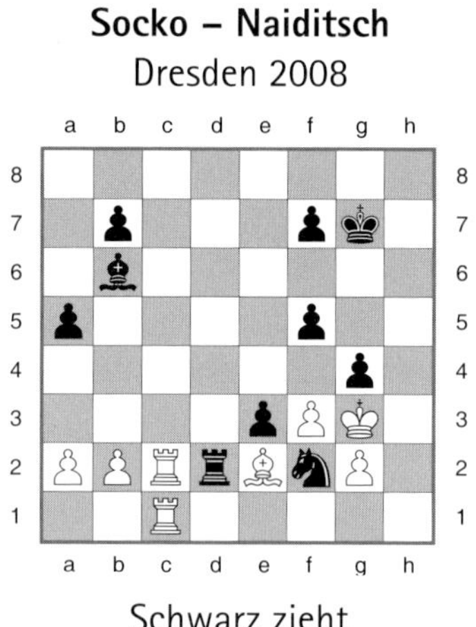

Schwarz zieht

In der 9. Runde der Schacholympiade spielte Deutschland gegen Polen 2:2. Am Spitzenbrett zog Arkadij Naiditsch gegen Bartosz Socko hier **32...Ld4?!**, und nach **33.Txd2 Le5+ 34.Kh4 exd2 35.Tf1 g3 36.Kg5 f4 37.Kf5 f6** endete die Partie im 51. Zug remis. Schwarz konnte das Duell aber für sich entscheiden, wie folgende schöne Variante zeigt: 32…f4! 33.Kxf4 Txe2! 34.Txe2 Sd3+ 35.Kxg4 Sxc1 36.Tc2 Sxa2-+. Weiß hatte Glück und Arkadij nach dem Unentschieden mit seinem Team auch noch Los-Pech. Deutschland traf am nächsten Spieltag auf das starke USA-Quartett, verlor und büßte damit seine Medaillenchancen ein.

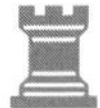

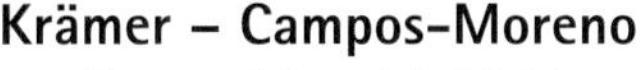

Krämer – Campos-Moreno

Chanty-Mansisk 2010

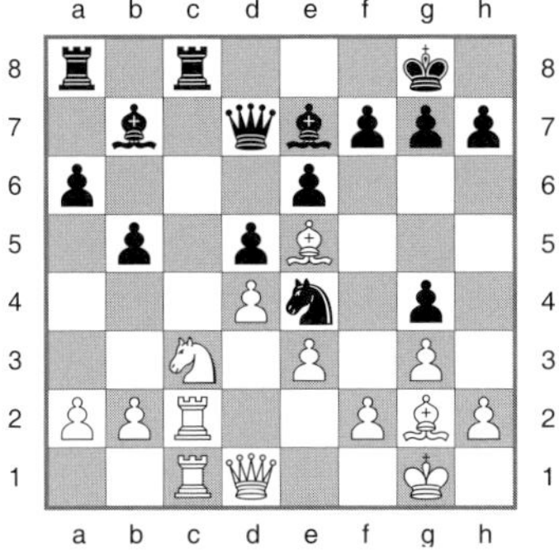

Weiß gewinnt

Schwarz setzte bei der Olympiade in Sibirien im Duell Deutschland-Chile ohne Not seinen Springer nach e4. Martin Krämer antwortete erfreut **19.Sxe4 dxe4 20.Tc7!**
1-0. Die weiße Intervention auf der siebten Reihe kostet Javier Campos-Moreno einen Stein.

Tidman – Bellin

4NCL 2010

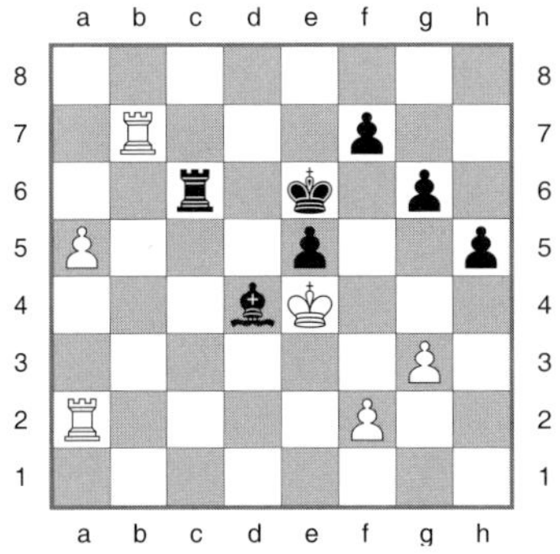

Schwarz gewinnt

Das Partiefragment stammt aus der britischen Schach-Liga, wo vier Nationen spielen. Weiß hat materiellen Vorteil, doch sein in der Mitte stehender König sollte ihm Anlass zur Sorge geben. Nach dem Fehler 1.a5?? bedankte sich Schwarz und zog **1...Tc3!** Das Matt mittels f7-f5 kann nur durch ein Turmopfer verhindert werden. **2.Txf7 Kxf7.** Nun haben sich die Kräfteverhältnisse entscheidend geändert, und Tidman könnte eigentlich aufgeben. Er versuchte noch **3.a6 Tc7 4.f4 Ke6 5.fxe5 La7 6.Ta5 g5 7.Tb5?** Innerhalb weniger Züge fällt der Weiße wieder auf den gleichen Trick hinein. **7... Tc3!** 0-1. (7.Ta3 Tc1 8.Kf3 Te1 usw. hätte sein Leiden noch etwas verlängert.)

Carlsen – Giri

Wijk aan Zee 2011

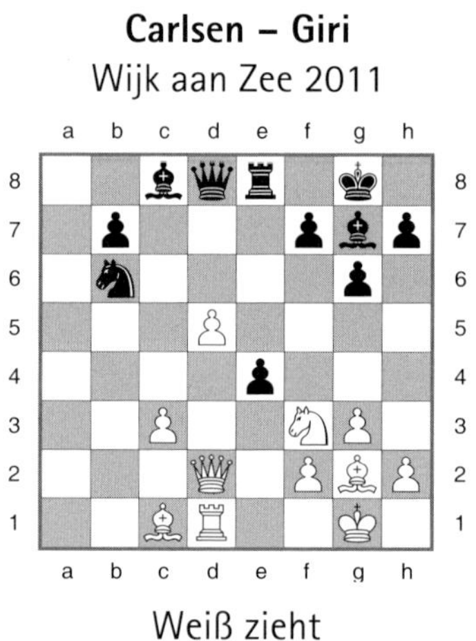

Weiß zieht

In dem Turnier leistete sich Magnus Carlsen einen Einsteller, wonach sein junger Gegner Anish Giri zum überraschenden Erfolg kam. Der freche e-Bauer steht schon auf e4, und Weiß möchte ihn gern kassieren. **20.Sg5?** Carlsen ist von der Rolle, denn so funktioniert es nicht. **20...e3!** Mit dem schönen Sperrzug erobert Schwarz den ungedeckten Springer.

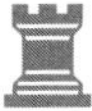

21.Db2 Dxg5 22.Lxe3. Jetzt geht 22.Dxb6 wegen 22...e2! 23.Te1 Dxc1! 24.Txc1 e1D+ 25.Txe1 Txe1+ 26.Lf1 Lh3 in die Hose. **22...Dg4** 0-1. Weiß gewinnt die Figur nicht zurück, sein Turm auf d1 hängt.

Kramnik – Karjakin

Monte Carlo 2011

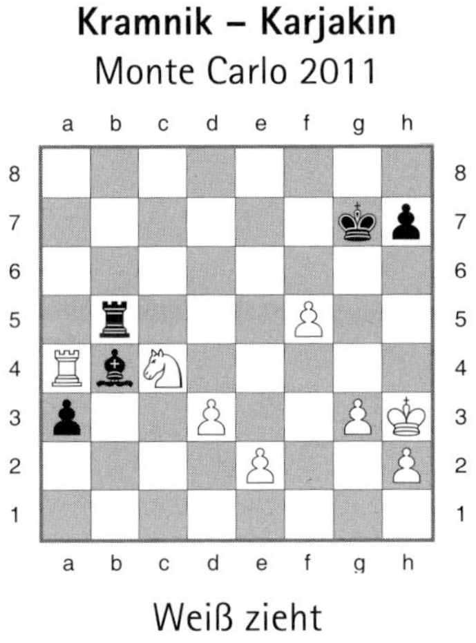

Weiß zieht

Wladimir Kramnik hat eine fette Gewinnstellung. Mit 10 Sekunden Zeitbonus auf der Uhr sollte die Realisierung des klaren Vorteils kein Problem für ihn sein. Aber es war wohl nicht sein Tag. **48.e4** Naheliegend ist hier 48.Sxa3 Lxa3 49.Txa3 Txf5 50.Kg2, wonach Weiß immer noch drei Bauern mehr hat, und nichts könnte diese dann aufhalten. **48...Lf8 49.e5** Auch jetzt war das Schlagen des feindlichen a-Bauern angesagt: 49.Sxa3 Tb3 50.Sc4 Txd3. **49...Td5 50.Ta7+ Kh6 51.f6 Kg6 52.Ta8**

Besser geschah 52.e6! Kxf6 53.Tf7+ Kxe6 54.Txf8 Txd3 55.Ta8+-. **52...Lb4 53.Tg8+ Kf7 54.Tg7+ Ke6 55.Ta7 Txd3**

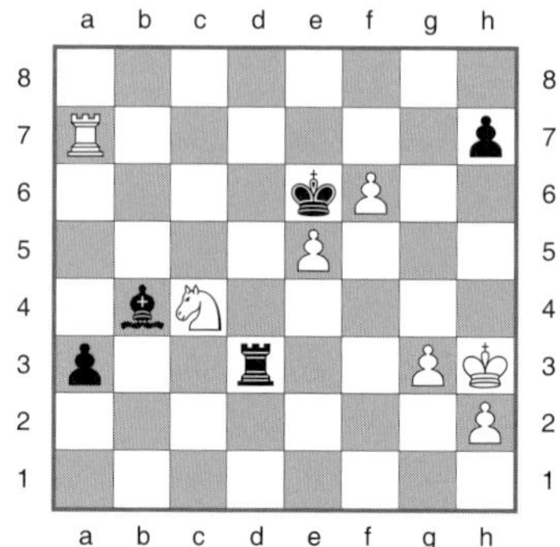

Nun ist kein einfacher Sieg mehr in Sicht. **56.Ta6+ Kf7 57.Ta4 Lc5 58.Kg4 Kg6 59.Sxa3** Remis. Erstaunlich, dass Sergej Karjakin dem Endspielkünstler Kramnik so leicht Paroli bieten konnte.

Richtig opfern

Schach ist nichts für ängstliche Seelen.

WILHELM STEINITZ

Welcher Jünger Caissas träumt nicht davon, spektakulär die Dame oder eine andere Figur zu opfern? In einer Partie sind schöne Opfer natürlich das Salz in der Suppe. Sie machen zum großen Teil den Reiz des Schachs aus. Deshalb neigen die meisten von uns dazu, ein Spiel allein nach seinem Opfergehalt zu beurteilen. Auch wenn die Zeit der Schachromantik längst vorbei ist, wird ein kombinatorisches Feuerwerk, bei dem es richtig kracht, in der Regel höher eingeschätzt, als eine tiefe Positionspartie, was nicht ganz fair ist.

Über dieses Thema wurden schon ausgezeichnete Bücher geschrieben. In seinem berühmten Werk „Richtig opfern" beschreibt Rudolf Spielmann anhand instruktiver Beispiele aus der eigenen Turnierpraxis, wie das geht und was mit entsprechender Phantasie auf dem Brett alles möglich ist. Ehe er aber zu Wort kommt, ein kurzer Blick auf die Historie. Schon im Mittelalter wurde die stärkste Figur preisgegeben, wenn damit der feindliche König außer Gefecht gesetzt werden konnte.

Lucena
1497

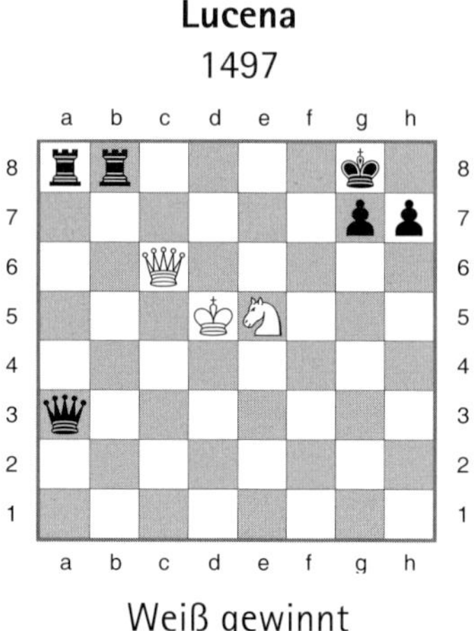

Weiß gewinnt

Wir alle kennen das erstickte Matt. Zum ersten Mal erwähnt wurde es vom spanischen Schachmeister Juan Lucena in seinem Buch „Abhandlung über die Liebe zum Schach und dessen Kunst“. **1.De6+ Kh8 2.Sf7+ Kg8 3.Sh6+ Kh8 4.Dg8+! Txg8 5.Sf7** matt.

Damiano
1512

Der portugiesische Meister, von Beruf Apotheker, komponierte ebenfalls Aufgaben, in denen das erstickte Matt vorkam. Pedro Damiano erfand das sogenannte Räumungsopfer.

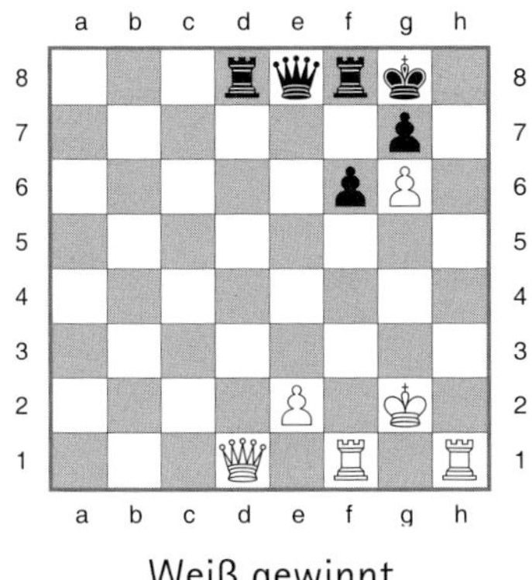

Weiß gewinnt

1.Th8+ Kxh8 2.Th1+ Kh8 3.Th8+ Kxh8 4.Dh1+ Kg8 5.Dh7 matt. Die beiden Türme opferten sich und machten der Dame Platz, die das Werk vollendet. Ohne den Bauer g6 jedoch funktioniert es nicht. Er ist der Sargnagel bzw. Pfahl im Fleisch.

Nachdem wir zwei recht einfache, aber effektvolle Mattführungen kennenlernten, sehen wir uns die „Mutter aller Opfer" an. Der Amerikaner Frank Marshall ging mit einem einzigartigen Zug in die Schachgeschichte ein.

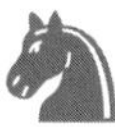

Lewitzki – Marshall

Breslau 1912

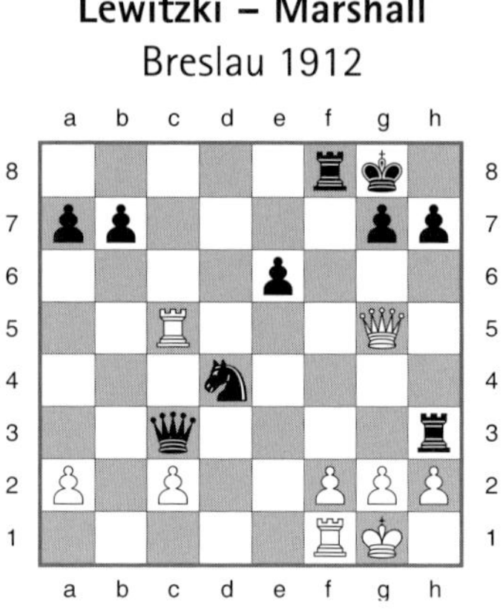

Schwarz gewinnt

23...Dg3!! gilt noch heute als einer der schönsten Schachzüge aller Zeiten. Die Dame opfert sich für den Sieg. Egal, auf welche Art Weiß sie auch schlägt, er verliert immer: 24.hxg3 Se2 matt; 24.fxg3 Se2+ 25.Kh1 Txf1 matt; 24.Dxg3 Se2+ 25.Kh1 Sxg3+ 26.Kg1 Sxf1 oder 26...Th5. Schachästhetik pur!

Die Partie wurde beim DSB-Kongress in Breslau gespielt, Marshalls Gegner war der russische Meister Stefan Lewitzki (1876-1924), der heute fast vergessen ist. Akiba Rubinstein gewann das Turnier, Frank Marshall wurde Fünfter. Ein herausragender Zug des damaligen Siegers ist nicht überliefert, Marshalls frei schwebende Dame jedoch wird für alle Zeiten in Erinnerung bleiben. Die Zuschauer waren damals so begeistert von diesem Opfer, dass sie dem Amerikaner Goldmünzen zuwarfen.

Mastrovasilis – Marechal
Capelle la Grande 2011

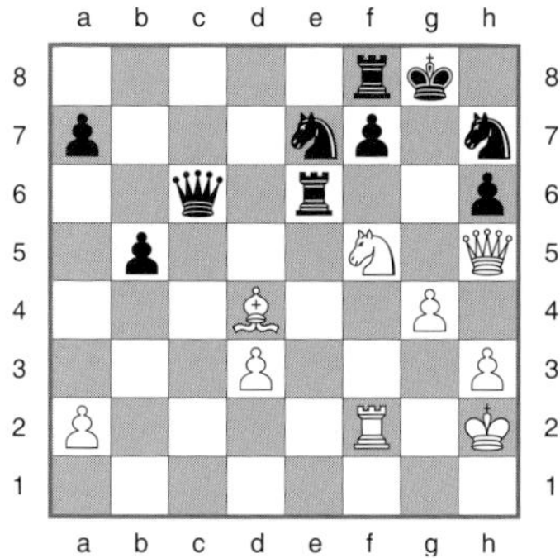

Weiß gewinnt

Knapp 100 Jahre später nahm Weiß beim traditionellen Open in Capelle la Grande eine historische Anleihe bei Marshalls legendärem Zug. Schwarz hatte gerade seinen Springer von d5 nach e7 gespielt, um den lästigen Eindringling auf f5 loszuwerden. Darauf geschah das atemberaubende **35.Dg6+!!** 1-0. Die Replik ist einfach und spektakulär zugleich. Das kühne Damenopfer hätte Frank Marshall zur Ehre gereicht. Rien ne va plus: 35...fxg6 und 35...Sxg6 werden mit 36.Sxh6 matt beantwortet. Auf 35...Txg6 folgt 36.Sxe7 matt.

Bernstein – Capablanca
Moskau 1914

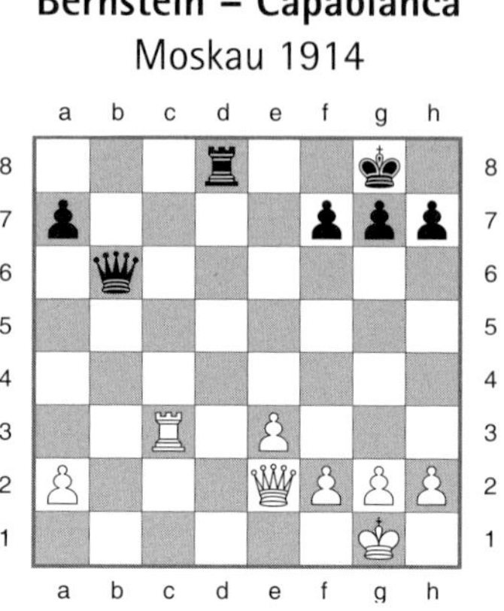

Schwarz gewinnt

Der dritte Schachweltmeister glänzte in seiner einmaligen Karriere mit vielen brillanten Zügen. Hier zauberte er **29...Db2!!** aufs Brett. 0-1. Ein klassische Beispiel zum Thema Ablenkung. (30.De1 Dxc3; 30.Dd3 Da1+; 30.Tc2 oder Td3 30...Db1+.) Michail Botwinnik nannte das Damenmanöver genial.

Spielmann – Grünfeld
Karlsbad 1929

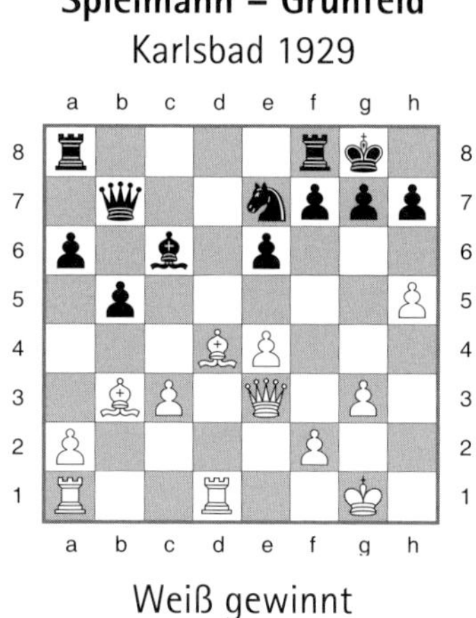

Weiß gewinnt

Nun ist der Opfergott Rudolf Spielmann an der Reihe. Zuerst trägt er einen kurzen und schmerzlosen Mattüberfall vor. Im damaligen Eliteturnier gewann Nimzowitsch vor Capablanca und Spielmann. Hier sehen wir den Auftaktsieg des Österreichers gegen seinen Landsmann Ernst Grünfeld. Schwarz nahm im Partieverlauf den Vormarsch des weißen h-Bauern nicht ernst genug und musste gerade seinen Springer nach e7 zurückziehen. Weiß lässt sich nicht lange bitten: **21.Lxg7!** „Ein typisches tätiges Mattopfer; es erzwingt entweder Matt oder gewaltigen, weiteren Widerstand ausschließenden Materialgewinn." (Spielmann) **21...Kxg7 22.Dg5+ Sg6 23.h6+**. 1-0. Der Schlusspunkt. Auf 23...Kg8 folgt 24.Df6 nebst Matt. Der Angriff gegen g7 ist siegreich durchgedrungen.

Bogoljubow – Spielmann
Magdeburg 1927

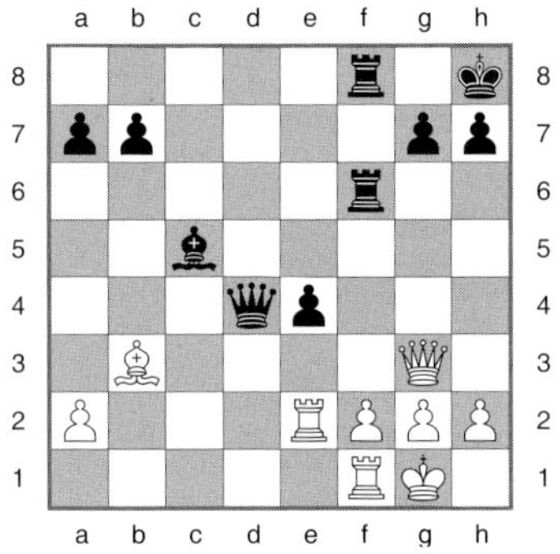

Schwarz gewinnt

Streng genommen handelt es sich bei diesem Beispiel um ein Scheinopfer, weil der Maestro das zeitweilig investierte Material mit Zinsen zurückbekommt. Herr Spielmann, Sie haben das Wort: „Der Angreifer (Schwarz) steht klar über-

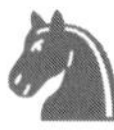

legen, wobei der Mehrbauer wegen der ungleichen Läufer noch keine entscheidende Rolle spielt. Aber der Druck gegen f2 gestattet, da Weiß noch kein Ventil besitzt, einen entscheidenden Schlag. Die Kombination ist naheliegend und ergibt sich sozusagen von selbst aus der Stellung." **23...Txf2! 24.Texf2** Der andere Turm kann wegen 24...Da1+ und Matt in zwei Zügen nicht nehmen. **24...Txf2 25.Dxf2** oder 25.Txf2 Da1+ nebst Matt. **25...De5!** „Die Pointe. Schwarz erobert die Dame und behält mit Dame und zwei Bauern gegen Turm und Läufer ein glatt entscheidendes Übergewicht. Das vorübergehende Opfer hat sich reichlich gelohnt." (Spielmann) Schwarz gewann im 43. Zug.

Viele Opfer brauchen überhaupt keine konkrete Berechnung. Es genügt der Blick auf die entstandene Stellung, um sich davon zu überzeugen, dass ein Opfer richtig ist.

MICHAIL TAL

Bobozow – Tal
Warna 1958

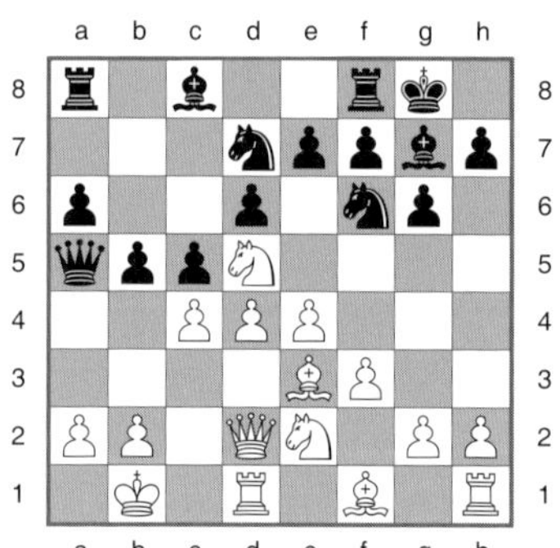

Schwarz gewinnt

Bei der Studentenweltmeisterschaft in Bulgarien spielte Michail Tal eine grandiose Partie gegen den einheimischen Milko Bobozow. In dem Königsinder waren erst elf Züge gespielt, als der Schachzauberer aus Riga plötzlich ein kombinatorisches Feuerwerk eröffnete. **11...Sxd5!!** Das intuitive Damenopfer war völlig berechtigt, wie der weitere Spielverlauf zeigt: 12.Dxa5 Sxe3 13.Tc1 Sxc4 14.Txc4 bxc4 15.Sc1 Tb8 16.Lxc4 Sb6 17.Lb3 Lxd4 18.Dd2 Lg7 19.Se2 c4 20.Lc2 c3 21.Dd3 cxb2 22.Sd4 Ld7 23.Td1 Tfc8 24.Lb3 Sa4 25.Lxa4 Lxa4 26.Sb3 Tc3 27.Dxa6 Lxb3 28.axb3 Tbc8 29.Da3 Tc1+ 30.Txc1 Txc1+ 0-1

Geller – Polugajewski
Moskau 1961

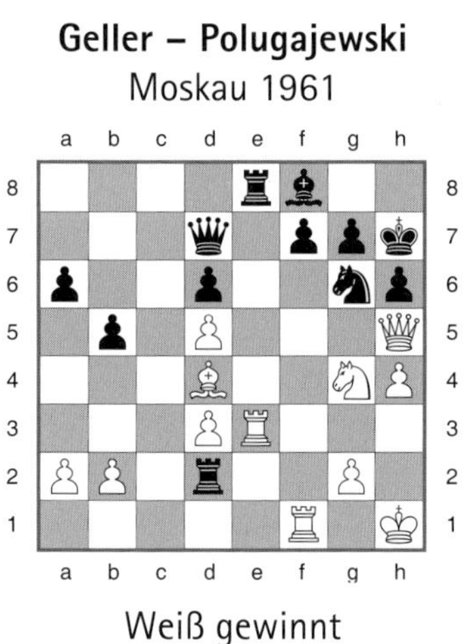

Weiß gewinnt

Jefim Geller war ein begnadeter Angriffsspieler. Bei der 28. UdSSR-Meisterschaft demonstrierte er, wie man richtig opfert. Nach **31.Dxh6+! Kg8 32.Txe8** gab Schwarz den hoffnungslosen Kampf auf. Der Turm auf d2 hängt, und das Damenopfer konnte auch nur mit Verlusten angenommen werden: 31...gxh6 32.Sf6+ Kh8 33.Sxd7+-.

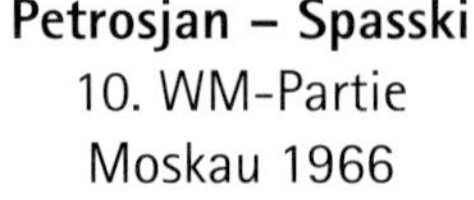

Petrosjan – Spasski
10. WM-Partie
Moskau 1966

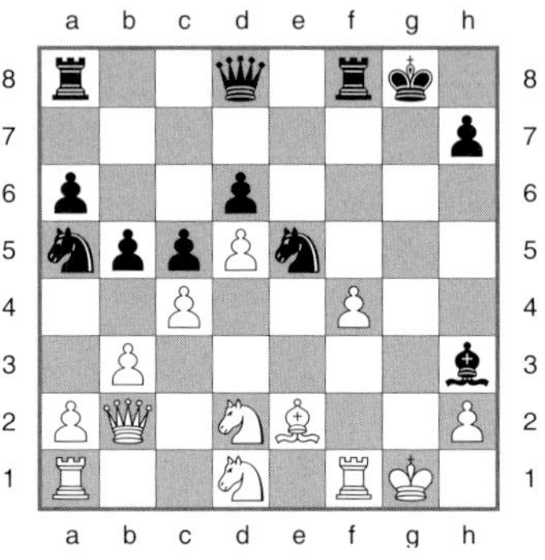

Weiß gewinnt

Viele Zeitgenossen von Tigran Petrosjan sahen in ihm einen vorsichtigen Positionsspieler, der jegliches Risiko auf dem Brett scheute. Mit dieser einseitigen Beurteilung taten sie dem neunten Weltmeister der Schachgeschichte unrecht. Wenn sich die Gelegenheit bot, kombinierte er nicht schlechter als die größten Angriffskünstler. **21.Se3!** Petrosjan mochte das Qualitätsopfer als taktisches Mittel durchaus. **21...Lxf1 22.Txf1 Sg6 23.Lg4 Sxf4 24.Txf4.** Weiß gibt die nächste Qualität her. **24...Txf4! 25.Le6+ Tf7 26.Se4 Dh4 27.Sxd6 Dg5+ 28.Kh1 Taa7 29.Lxf7+ Txf7.**

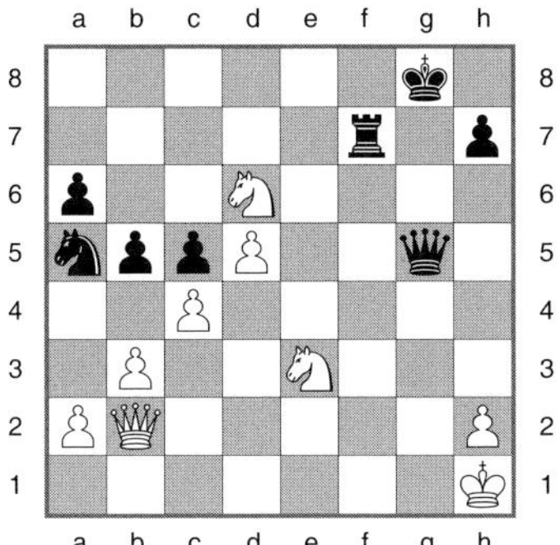

30.Dh8+! 1-0. (30...Kxh8 31.Sf7+ und 32.Sxg5.) Eine der brillantesten Kombinationen Petrosjans, dazu noch in einem Weltmeisterschafts-Duell. Das Beispiel machte Schule...

Barbero – Rüetschi
Lugano 1987

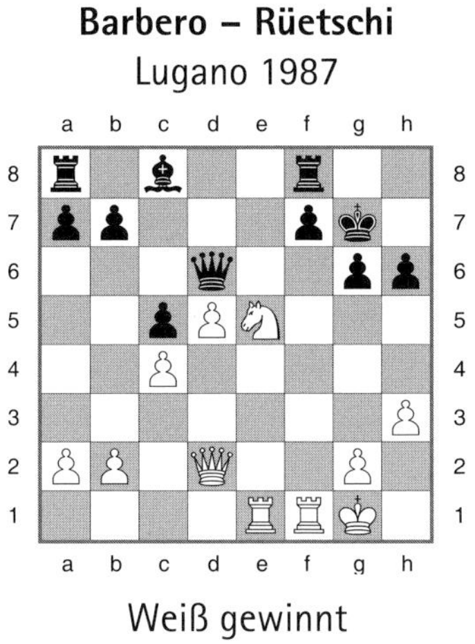

Weiß gewinnt

Im Lugano Open nahm Barbero den gleichen schwachen Punkt seines Gegners aufs Korn: 24.Txf7+! Txf7 25.Dxh6+! Kg8 26.Dh8+ Kxh8 27.Sxf7+ Kg8 28.Sxd6 1-0. Noch etwas stärker war die Fortsetzung **24.Sxf7! Txf7 25.Dc3+ Kg8 26.Te8+.** Der Argentinier Gerardo Barbero hatte sie sicher

auch gesehen, aber die Partiefortsetzung ist spektakulärer. Sie erinnert sehr an die schöne Kombination von Petrosjan. - Der Südamerikaner Barbero lebte von 1986 bis 2001 in Budapest und traf sich dort auch mit Bobby Fischer, der ihn offenbar mochte. Mit 39 Jahren starb der Großmeister viel zu früh. Barberos Partien aber wie diese und auch ein Sieg gegen die Schachlegende Bent Larsen bleiben.

Mecking – Rocha
Mar del Plata 1969
Spanisch

Beim damaligen Zonenturnier in Argentinien wurde der 17-jährige Brasilianer Henrique Mecking Dritter hinter Miguel Najdorf und Oscar Panno. Gegen Antonio Rocha gewann er nach schönem Kombinationsspiel.
1.e4 e5 2.Sf3 Sc6 3.Lb5 a6 4.Lxc6 dxc6 5.0-0 f6 6.d4 Lg4 7.c3 Ld6 8.Le3 De7 9.Sbd2 Sh6 10.h3 Ld7 11.Db3 b6 12.dxe5 fxe5 13.Sc4 Sf7 14.Tfd1 Lc5
Schwarz hat die Eröffnung nicht gut gespielt und tauscht jetzt auch noch ungünstig auf c5, wonach seine Stellung zu sehr entblößt wird. **15.Lxc5 Dxc5**

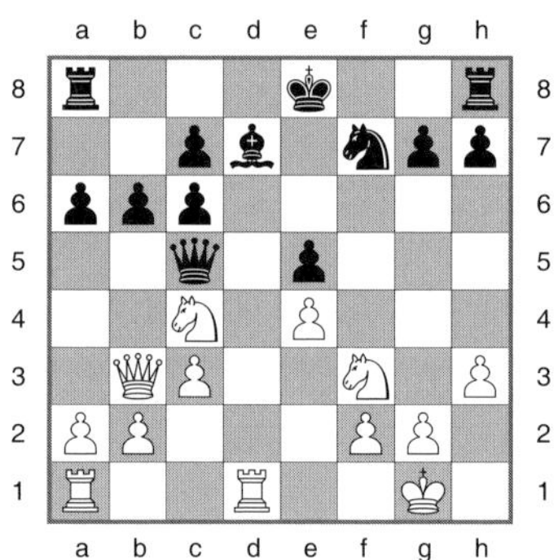

Die Zeit zum Überfall ist reif. **16.Txd7!** Erster Einschlag. **16...Kxd7 17.Sxb6+!** Öffnet der weißen Dame die Diagonale. **17...Dxb6 18.Dxf7+ Kc8 19.Sxe5 Dxb2 20.Dd7+ Kb8 21.Dd1 Dxc3 22.Tb1+ Ka7**

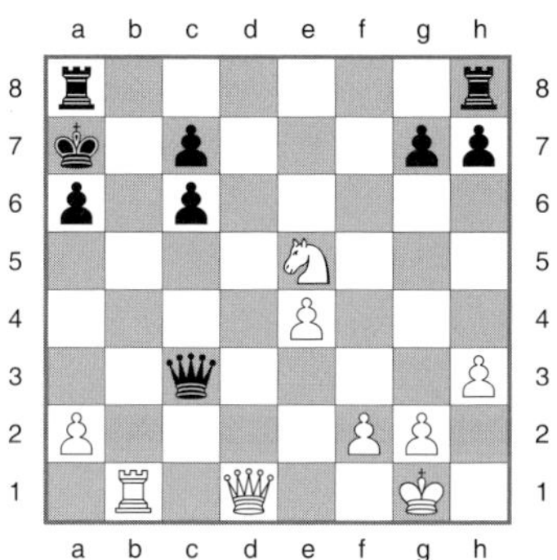

23.Dd4+! Dxd4 24.Sxc6 matt! Ein toller Schlussakkord.

Viele Jahre später opferte Mecking im brasilianischen Campinas zu Ehren von Rocha erneut mit großem Effekt eine Figur auf dem Feld d7.

Mecking – Mareco
Campinas 2011

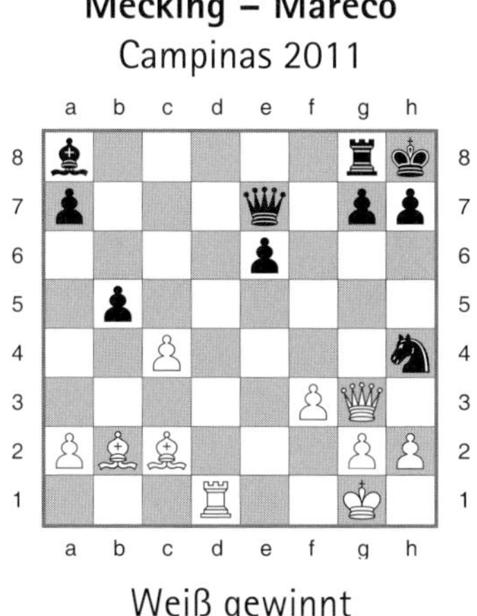

Weiß gewinnt

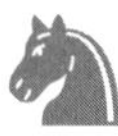

Brasiliens Schachlegende zeigte beim 1. Antonio-Rocha-Memorial seinen noch immer großen Spielwitz. **31.Td7!!** 1-0. Ein instruktives Beispiel für erfolgreiche Ablenkung. Auf 31...Dxd7 geschieht 32.Dxh4 h6 33. Dxh6 matt. Wenn 31...Sf5, so folgt 32.Txe7 Sxg3 33.hxg3 bxc4 34.Txe6+-.

Tal – Petrosjan
Moskau 1974

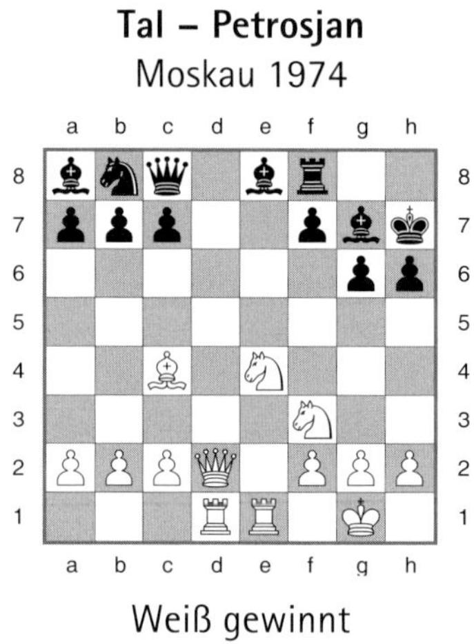

Weiß gewinnt

Fast alle schwarzen Figuren befinden sich auf der achten Reihe. Diese Stellung lädt einen Schachhusaren wie Tal geradezu ein, den Pferden die Sporen zu geben.
19.Seg5+! hxg5 20.Sxg5+ Kg8 21.Df4 Sd7 22.Txd7! Schnell wird der beste Freund des gegnerischen Königs beseitigt, ehe er zu dessen Rettung nach f6 kommen kann. **22...Lxd7** (Auf 22...Dxf7 folgt 23.Dh4.) **23.Lxf7+** 1-0. Ganz selten ist der große Verteidigungskünstler Tigran Petrosjan so überspielt worden!

Littlewood – Perkins

Lancaster 1975

Remis

Ein Partiefragment aus der britischen Meisterschaft. Weiß steht mit zwei Bauern weniger da, überdies hängen der Turm und ein Läufer. Da streut John Littlewood zwei schöne Opfer ein: **44.Lxf5! Dxf5 45.Dxe7+! Sxe7 46.Tg7+ Kh8 47.Tg1+,** wonach sein Gegner Alan Perkins die Friedenspfeife mitrauchen muss. Er befindet sich in der sogenannten Zwickmühle und kann Dauerschach nicht verhindern.

Kramnik – Abramovic
Biel 1993

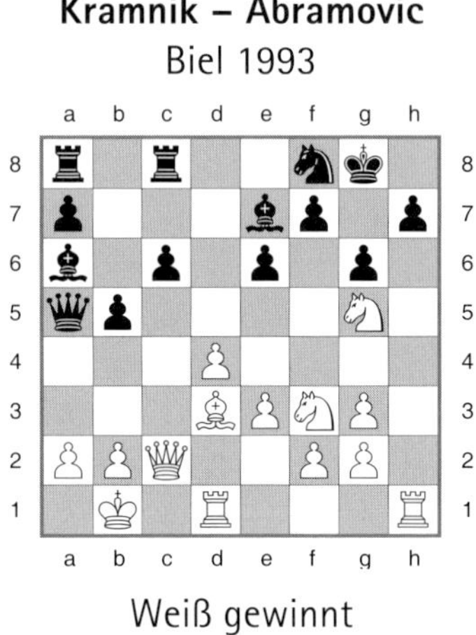

Weiß gewinnt

Der junge Wladimir Kramnik hatte eine sehr romantische Seite, die er heute nicht so oft zeigt. Beim Interzonenturnier in Biel spielte er den serbischen Großmeister Bosko Abramovic kombinatorisch an die Wand und qualifizierte sich erstmalig für die WM-Kandidatenkämpfe. **17.Sxh7! c5** Schwarz kann das „Geschenk" nicht annehmen. Auf 17...Sxh7 folgt 18.Lxg6 fxg6 20.Dxg6+. **18.Sxf8 cxd4 19.Db3 Lxf8 20.Lxg6 b4 21.Lh7+ Kg7 22.Txd4 Lc5 23.Td7 Le7 24.Ld3 Td8 25.Td4 Lxd3+ 26.Dxd3 Lf6 27.Dh7+ Kf8 28.Tf4 Ke7**

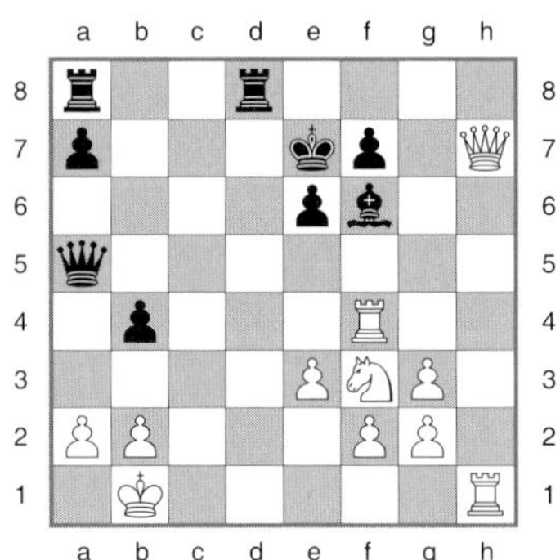

29.Txf6! 1-0. Schwarz kapitulierte. Nimmt der König auf f6, kann er nicht mehr entfliehen. Die Stellung ist dann zu offen, und die Schwächen auf den schwarzen Feldern erweisen sich als zu groß: 29...Kxf6 30.Dh4+ Kg6 31.Dh6+ Kf5 32.Df4+ Kg6 33.Th6+ Kg7 34.Df6+ Kg8 35.Th8 matt.

Lugovoi – Mevegy
Budapest 1994

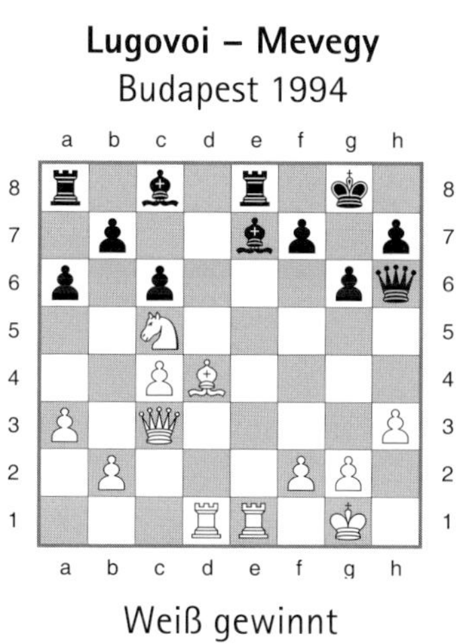

Weiß gewinnt

23.Txe7! Txe7 24.Lxg7!! 1-0. Es gibt keine Rettung mehr für Schwarz, auch wenn sich die Dame als Notärztin anbietet: 24....Dxg7 25.Td8+ Df8 26.Txf8 Kxf8 27.Dh8 matt. Das tolle zweite Opfer brachte die verblüffende Entscheidung. Auf diesen Trick muss man erst einmal kommen! 24.Lxg7 ist mein Lieblingszug in diesem Kapitel.

Leitao – Tsuboi

Brasilien 2011

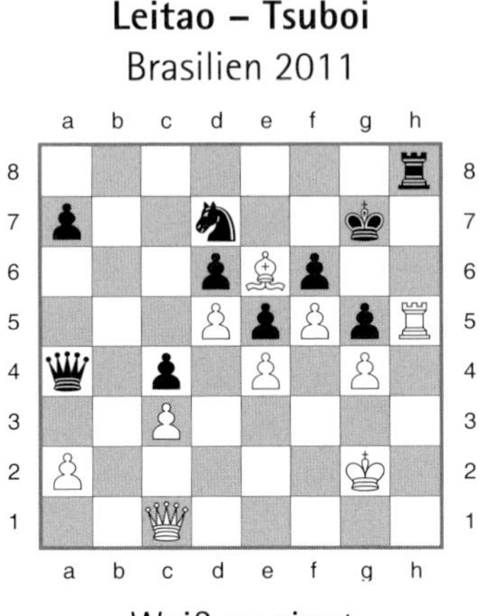

Weiß gewinnt

Wie öffnet man am schnellsten die schwarze Festung? Mit einem entschlossenen Opfer-Angriff: **35.Txg5+! fxg5 36.Dxg5+ Kf8 37.Dd8+ Kg7 38.De7+ Kh6 39.g5+ Kh5 40.Kg3!** Der Clou, nach dem Schwarz seinem Matt nicht mehr entgeht. 1-0.

Oleksienko – Hovhannisjan

Rijeka 2010

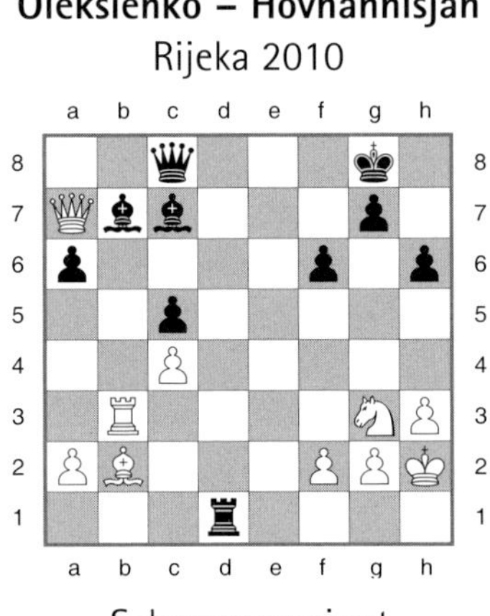

Schwarz gewinnt

Ein immer wiederkehrendes Motiv im Schach ist die Hinlenkung. Selbst Großmeister sind nicht dagegen gefeit. In der Diagrammstellung wird der König des Ukrainers Michailo Oleksienko durch ein Turmopfer auf das Feld h1 gezwungen, so dass weitere Verteidigung nicht mehr möglich ist. Nach **32...Th1+!** streckte Weiß sofort die Waffen, da die schwarze Dame jetzt tödlich ins Spiel kommt: 33.Kxh1 Dxh3+ nebst matt. 0-1. Die verheerende Wirkung des Läuferpaars ermöglichte das schöne Opfer. Gespielt wurde die Partie bei der Europameisterschaft in Kroatien.
Ähnliches geschah ein Dutzend Jahre zuvor in der ungarischen Hauptstadt. Dort genügte ein schwarzer Läufer, um den Gegner in die Knie zu zwingen.

Sherzer – Acs
Budapest 1998

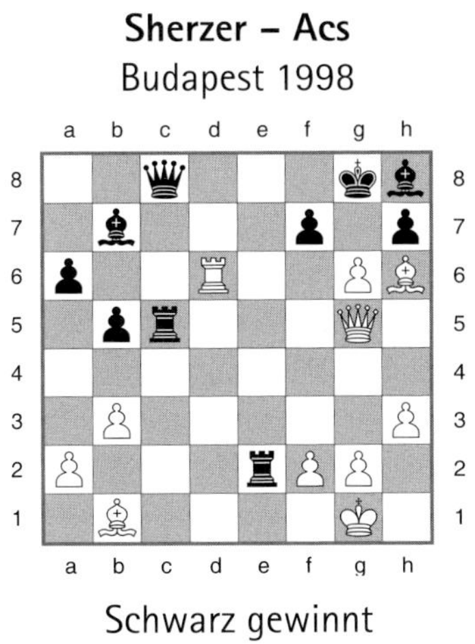

Schwarz gewinnt

Weiß hat 29.fxg6 gezogen und droht mit dem tödlichen Doppelschach 30.gxh7, was zugleich Matt bedeutet. Die Lage von Schwarz erscheint mehr als prekär.

Da kommt dem jungen Peter Acs die rettende Idee: **29...Te1+ 30.Kh2 Th1+! 31.Kxh1 Dxh3+ 32.Kg1 Tc1+** 0-1 (33.Dxc1 Dxg2 matt.) Der Läufer auf b7 als großer Matchwinner!

Rahman – Wolshin
Dhaka 2001

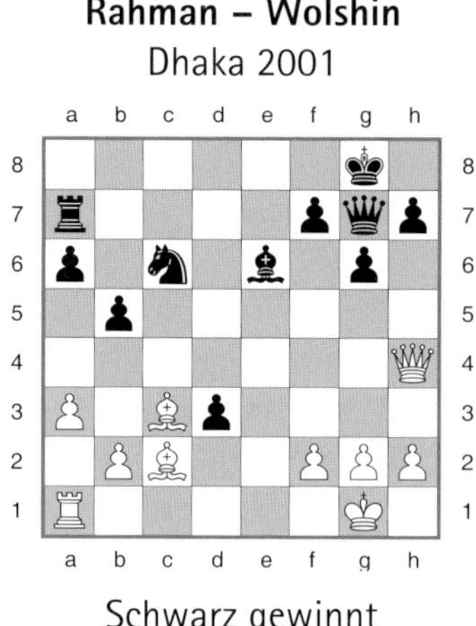

Schwarz gewinnt

Bei einem Turnier in der Hauptstadt von Bangladesch, dem früheren Dacca, trennte sich Alexander Wolshin freiwillig von seiner Dame. **26...dxc2! 27.Lxg7 Td7!** -+.
Seine Intuition täuschte den russischen Großmeister nicht. In Verbindung mit dem Turm sichert der starke c-Bauer Schwarz den Sieg. **28.Tf1 Td1 29.Lh6 Lc4 30.h3 Txf1+ 31.Kh2 c1D 32.Lxc1 Txc1 33.Df4 Te1**, und der Nachziehende gewann. Gegen drei Figuren war die weiße Dame am Ende machtlos.

Garcia Jimenez – Stefanowa
Gibraltar Masters 2011

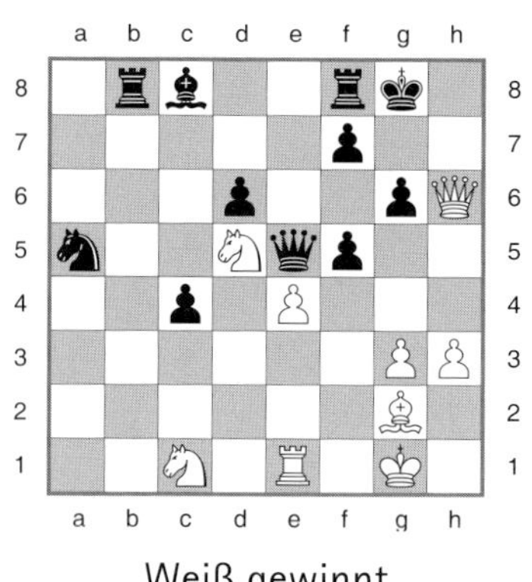

Weiß gewinnt

Im Partieverlauf steckte Weiß gegen die bulgarische Exweltmeisterin eine Qualität und zwei Bauern ins Geschäft. Es lohnte sich. Nun gibt er sogar noch den zweiten Turm, wonach die Majestät der schönen Antoaneta nicht mehr entrinnen kann. **26.exf5! Dxe1+ 27.Kh2 f6 28.Dxg6+ Kh8 29.Sxf6 Txf6 30.Dxf6+ Kh7 31.Dg6+ Kh8 32.Dh6+** (32.f6! führt auch zum Ziel.) 1-0

Vachier-Lagrave – Wang Hao
Wijk aan Zee 2011

Beim Traditionsturnier an der holländischen Nordseeküste passiert jedes Jahr eine ganze Menge. Viele Kommentatoren glossierten dieses spannende Finale der Auftaktrunde, in dem ein überraschendes Opfer für Schwarz die einzige Rettung brachte.

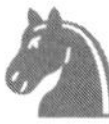

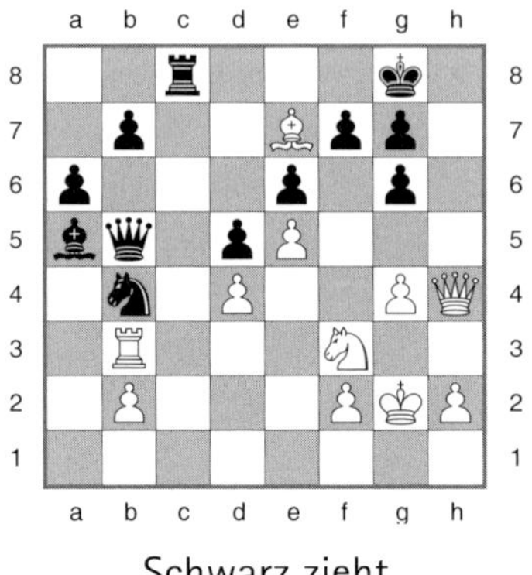

Schwarz zieht

Weiß setzt voll auf Angriff am Königsflügel und plant Sg5 nebst Dh7 matt. Darum räumte er das Feld g5 für den Springer. Aber 32.Le7? war hier nicht der richtige Läuferzug. Er ermöglicht eine wundersame Rettung von Schwarz! Indessen konnte Weiß seine Partie mit der starken Fortsetzung 32.Lf6! krönen: 32...Sd3 (32...gxf6 33.exf6 nebst Dh6 führt zum Matt, denn Schwarz hat nur ein paar Racheschachs: 33...Tc1 34.Dh6 Df1+ 35.Kg3 Lc7+ 36.Kh4 Dxf2+ 37.Kg5) 33.Txd3 (33.Sg5?? Sf4+ nebst 34...Tc1++ bzw. 34...Dxb3+.) 33... Dxd3 (33...g5 34.Dxg5) 34.Sg5 und gewinnt. In der Partie ging es so weiter: **32...Sd3!!** Ein prachtvolles Damenopfer. Jetzt rettet der Springer die Partie für Schwarz quasi im Alleingang. **33.Txb5** 33.Txd3 scheitert an dem Zwischenzug 33...g5!! (33...Dxd3? 34.Sg5+-) 34.Sxg5 Dxd3, und das Feld h7 ist gedeckt. **33...Sf4+ 34.Kg3 Se2+ 35.Kh3 Sf4+ 36.Kg3 Se2+ 37.Kg2 Sf4+**, und Weiß musste sich ins Dauerschach fügen. Nach 38.Kh1 (38.Kg1?? Tc1+ 39.Se1 Txe1 matt) 38...Tc1+ 39.Sg1 Se2! erobert Schwarz dank der Mattdrohung Txg1 den weißen Springer mit Schach und dann den Turm b5, so dass er genügend Kompensation für die Dame hat. Remis.

Vachier-Lagrave – Nepomniachtschi

Wijk aan Zee 2011

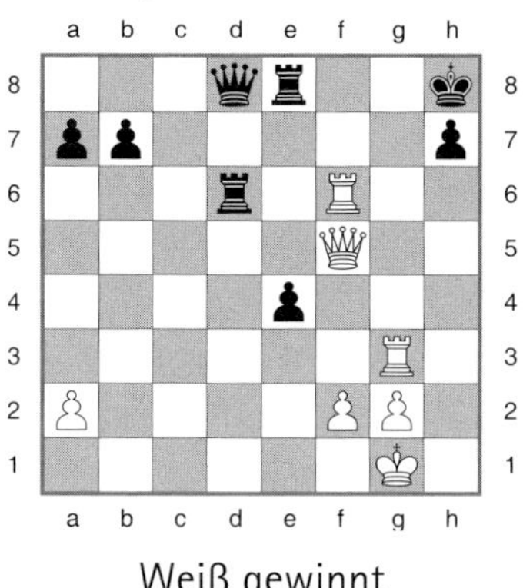

Weiß gewinnt

Einige Tage später machte der Franzose alles richtig und nutzte die prekäre Lage des schwarzen Königs zu einem eleganten Finale: **36.Tg7!!** 1-0. Wie schön! Der weiße Turm hängt frei in der Luft, darf aber nicht angerührt werden. Wenn 36...Kxg7 so 37.Tf7+ nebst Matt auf h7.

Watschew – Radulski

Plowdiw 2011

Schwarz gewinnt

Auf dem Brett herrscht materielles Gleichgewicht. Schwarz hat jedoch den wesentlichen Vorteil, dass seine Bauern am Damenflügel schon sehr weit vorn stehen. Mit dem Figurenopfer **31...La4!** entscheidet der Nachziehende den Kampf. **32.bxa4 b3** 0-1 (Oder 33.axb3 Db2). Auch 32.Dd1 Lxb3 33.Dxb3 Dxb3 34.axb3 a2 hätte Weiß nicht geholfen. Einer der dunklen Infanteristen kommt immer durch!

Greenfeld – Kusubow

Chennai 2011

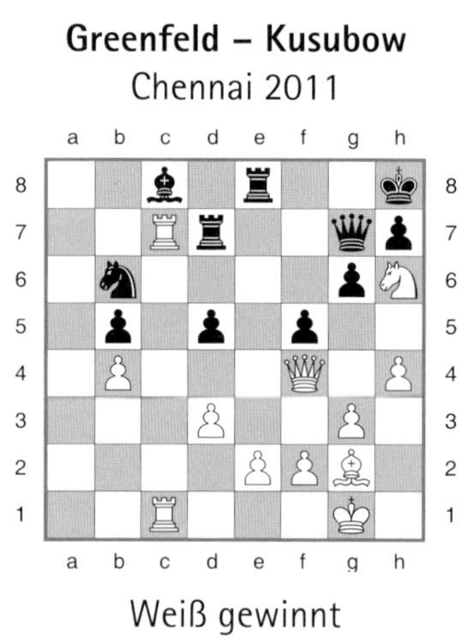

Weiß gewinnt

Bei einem offenen Turnier in Vishy Anands Geburtsstadt stellte Alon Greenfeld sein bestes Stück zur Disposition. Die weiße Dame gab freiwillig ihr Leben für den Sieg. Leidtragender war der Ukrainer Juri Kusubow. **34.De3!! Txe3 35.Txc8+ Df8 36.Txf8+** 1-0. Auf 36....Kg7 geschieht 37.Tg8+ Kxh6 38.fxe3+-. Verschmäht Schwarz die tapfere Königin und zieht den Turm weg, kassiert sie den Springer auf b6.

Bluvstein – Andrejkin
Moskau 2011

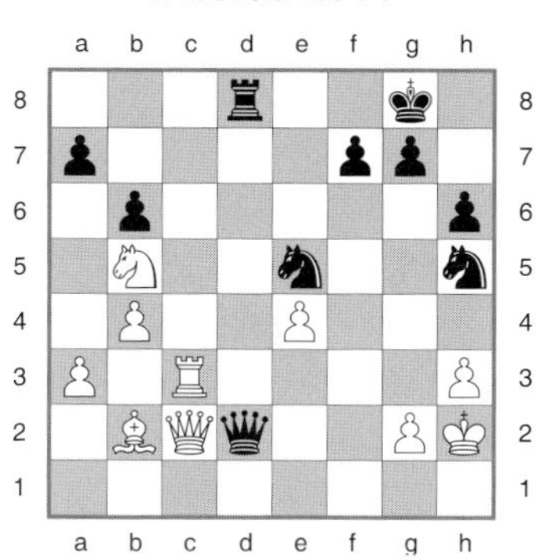

Schwarz gewinnt

Im Aeroflot Open hatte Großmeister Mark Bluvstein seine Dame naiv nach c2 gezogen und wurde sofort dafür bestraft. **33...Sf3+!** 0-1. Ein elegantes Scheinopfer. In die Ecke kann der weiße König nicht gehen, auf h1 ereilt ihn das Matt 34... Sg3# oder 34...De1#. Nach 34.Txf3 verliert er die Dame.

De Florio – Necesito
Italien 2011

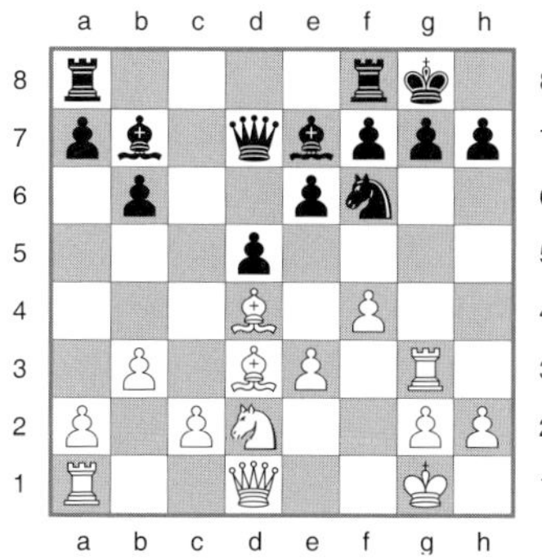

Weiß gewinnt

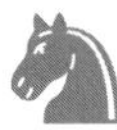

Mit dem Zug 14…Le7? glaubte Schwarz, seinen Königsflügel, vor allem den Punkt f6, ausreichend geschützt zu haben. Dieses Feld interessierte Weiß aber nicht vordringlich. Der schwarze König soll „nebenan" sein Leben aushauchen. Deshalb geschah das effektvolle **15.Txg7+! Kxg7 16.Dg4+ Kh6 17.Dg5** matt. Der Nachziehende wählte den kürzeren Leidensweg. Die Alternative nach 16.Dg4+ war 16...Kh8 17.Lxf6+ Lxf6 18.Dh5 nebst Matt.

Dunne – Schirow
Ottawa 2011

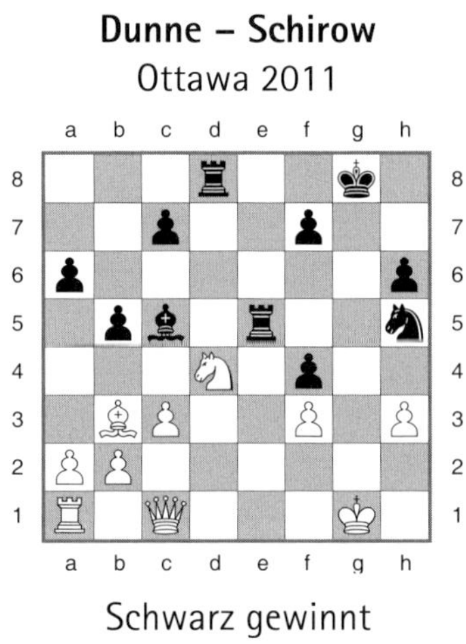

Schwarz gewinnt

Alexej Schirows Partien sind surrealistische Kunstwerke. Bei einer Simultanvorstellung in Kanada zauberte der aus Riga stammende Großmeister die Variante **24...Txd4!! 25.cxd4 Lxd4+ 26.Kg2 Te2+ 27.Kf1 Sg3** matt aus dem Hut.

Khalifman – Bukawschin
Moskau 2011

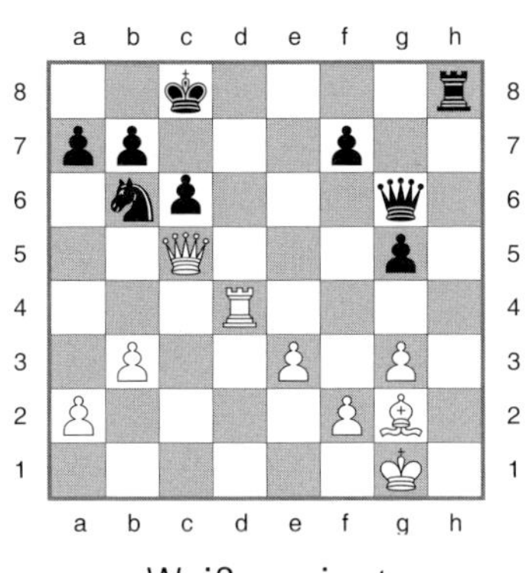

Weiß gewinnt

Mit 23.Dc5 hatte der FIDE-Exweltmeister seine Dame auf einem sehr guten Feld postiert. Schwarz erkannte die Gefahr nicht und spielte 23...Dg6?? Er hätte mit 23...f5 die Diagonale h3-c8 rechtzeitig zustellen oder mit dem Turm nach g8 gehen müssen. Nach dem Lapsus seines Gegners konnte Alexander Khalifman wirkungsvoll eine Figur opfern: **24.Lh3+!** 1-0. 24...Txh3 25.Df8+ Kc7 26.Dd8 matt.

Kulon – Jaracz
Warschau 2011

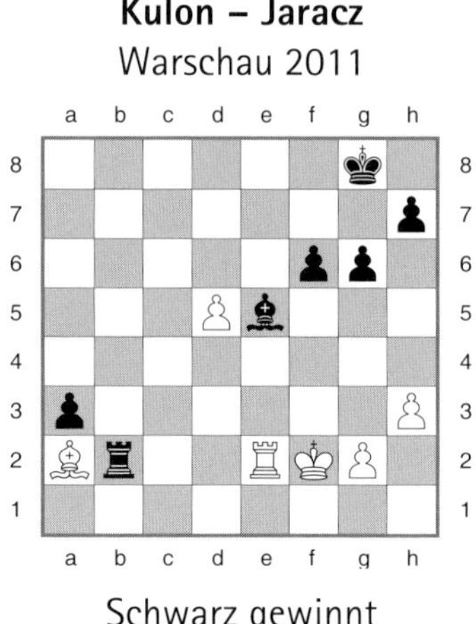

Schwarz gewinnt

Werden die Türme auf e2 getauscht, ist das Läuferendspiel remis. Also muss eine andere Lösung her: **48...Txa2!! 49.Txa2 Lb2!** Kurios ist, dass verschiedene Schachprogramme hier die Chancen noch als gleich einschätzten. Erst fünf Züge später errechneten sie, dass die Schwarz-Spielerin in dieser Partie aus der polnischen Damen-Meisterschaft klar auf Gewinn steht. **50.g4 Kf7 51.Kf3 Ke7 52.Ke4 Kd6 53.h4 Kc5 54.h5 Kd6! 55.g5 f5+** 0-1. Sieg der menschlichen Gehirnzellen über die Computerchips.

Kortschnoi – Vaisser

Cannes 2011

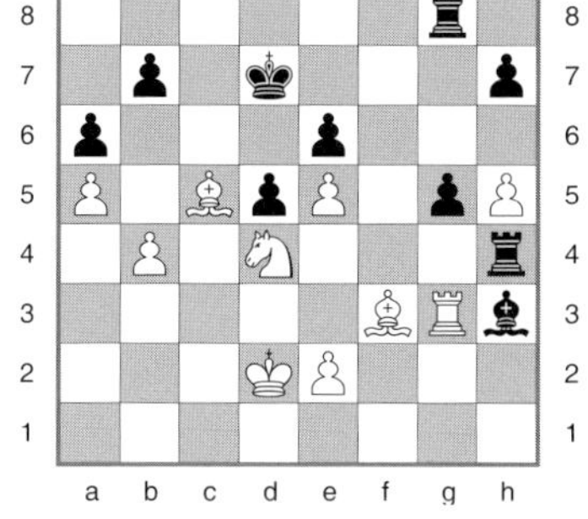

Weiß gewinnt

Bei einem Match zweier Schachlegenden zeigte Viktor Kortschnoi auch mit 80 Jahren noch immer seinen großen Biss. Das humorlose **43.Txh3!** klärte die Situation ganz schnell. 1-0. Nach 43...Txh3 44.Lg4 hängen durch die Doppeldrohung 45.Lxh3 und 45.Lxe6+ praktisch zwei Türme von Anatoli Vaisser gleichzeitig.

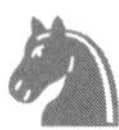

Bauer – Alonso Rosell

Cannes 2011

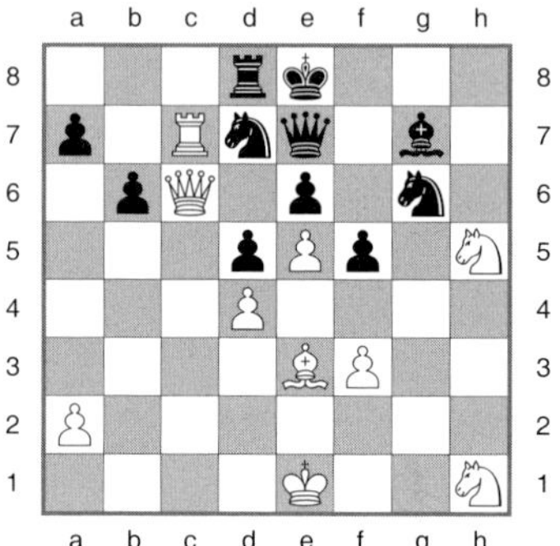

Weiß gewinnt

Christian Bauer hat seinen Gegner an die Wand gespielt. Jetzt setzt der Franzose einen schönen Schlusspunkt: **29.Dxe6!** 1-0. Schwarz verliert zu viel Holz: 29...Dxe6 30.Sxg7+ Kf7 31.Sxe6 Kxe6 32.Tc6+ Kf7 33.e6+. Wenn 32...Ke7, dann 33.Lg5+.

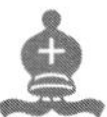

Es riecht nach Matt

Die Gegner setzen sich selbst matt.
Man muss nur etwas warten.

SIEGBERT TARRASCH

Das Ziel des Schachspiels besteht darin, den König des Gegners mattzusetzen. Allerdings ist es in unseren Tagen nicht mehr üblich, dem feindlichen Monarchen ein Schach oder Matt zu geben und das auch laut zu sagen. Es genügt, den Zug schweigend auszuführen. Das ist nicht immer so gewesen. Bis zum Ende des 19. Jahrhunderts war es in Turnieren nichts Ungewöhnliches, eine Partie mit dem stolzen Ausruf „Schach und Matt!“ zu beenden. Der Sieger wollte damit demonstrieren, dass er alles fein vorausberechnet hatte. Nicht selten wurde ein Matt in so und so vielen Zügen angesagt. Das kann man auch in Partiekommentaren von Steinitz, Tschigorin und anderen Schachmeistern der Vergangenheit nachlesen.

Großmeister Vlastimil Hort ist für seinen Schwejkschen Humor bekannt. In einem Interview, das wir mit ihm über Wassili Smyslow führten, sagte er: „Bei ihm roch es immer nach Matt.“ Dieser Ausspruch inspirierte uns zur obigen Kapitelüberschrift.

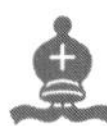

Mattkombinationen sind die Krönung der Schachkunst. Wie zaubert man sie aufs Brett? Gibt es Methoden, diese Fähigkeit zu erlernen? Wir zeigen großartige Beispiele von einst bis heute, die einfach Vergnügen bereiten. Nach ihrem Studium wird mancher Schachfreund gescheiter sein und Mattmöglichkeiten eher erspähen bzw. wittern als bisher. Der bunte Strauß beginnt mit einem großen Franzosen.

Philidor – Cotter

London 1789

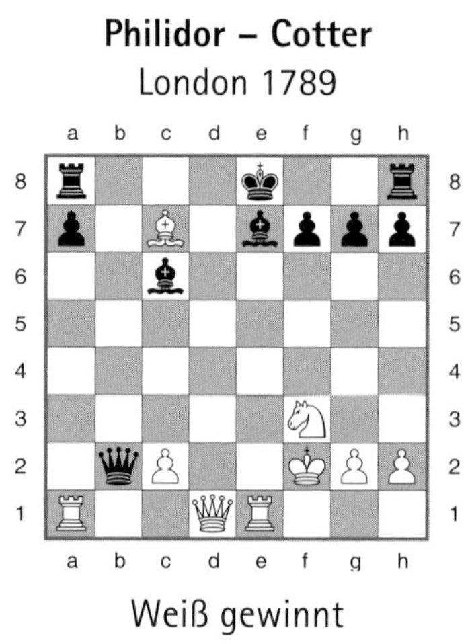

Weiß gewinnt

François André Philidor war im 18. Jahrhundert stärkster Schachspieler Europas. Auch als Opernkomponist machte er sich einen Namen. Der Franzose ging als Erster wissenschaftlich an das Schach heran und setzte den Romantikern seine neue Theorie des Positionsstils entgegen. Wie vortrefflich er auch das Kombinationsspiel beherrschte, zeigte Philidor im Januar 1789 in London. So setzte er seinen Gegner in wenigen Zügen außer Gefecht: **17.Txe7+! Kxe7 18.Dd6+ Ke8 19.Dxc6+ Ke7 20.Ld6+ Kd8 21.Dc7+ Ke8 22.De7** matt.

Anderssen

1842

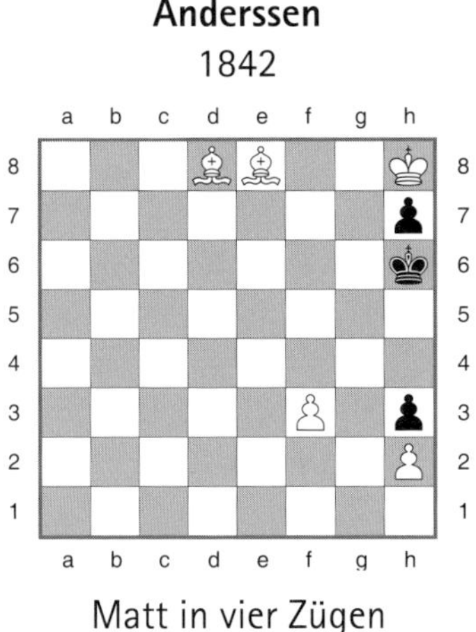

Matt in vier Zügen

Der deutsche Schachromantiker Adolf Anderssen ist vor allem durch seine unsterbliche Partie gegen Kieseritzky bekannt. In jungen Jahren veröffentlichte er auch Schachprobleme, die sich durch originelle Ideen auszeichneten. **1.Lh5!! Kxh5 2.Kg7 h6 3.Kf6 Kh4 4.Kg6** matt.

Delmar – NN

New York 1898

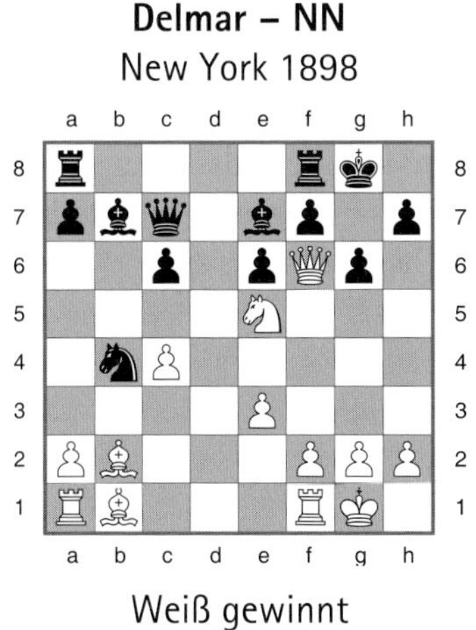

Weiß gewinnt

Einige Jahrzehnte später passierte auf der anderen Seite des Atlantiks dieses Mattfinale. Schwarz hat versäumt, den gefährlichen Springer seines Gegners abzutauschen und erhält jetzt die Quittung: **18.Dh8+! Kxh8 19.Sxf7+ Kg8 20.Sh6** matt. Das hätten Sie auch hinbekommen, oder? Aber damals konnte dies noch nicht jeder. Heute gehört die Methode der Demaskierung des langen Läufers zum schachlichen Grundwissen.

Nimzowitsch

Baltische Zeitung 1918

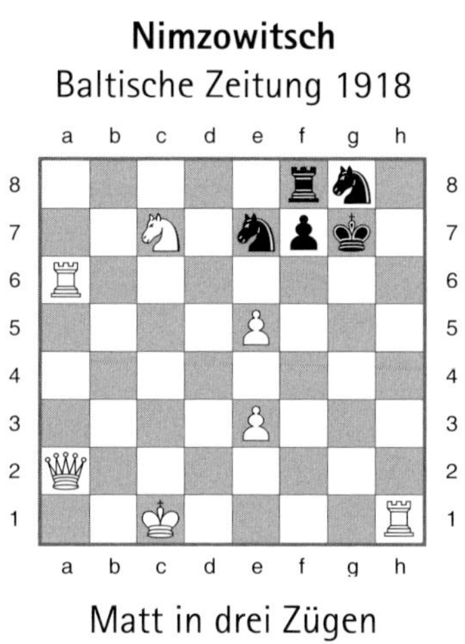

Matt in drei Zügen

Der Schach-Tüftler Aaron Nimzowitsch begeisterte sich sehr für Kombinationen. Diese wundervolle Aufgabe veröffentlichte er in seiner Heimatstadt Riga. **1.Tg6+!!** Drei Figuren können den tollkühnen Turm schlagen, doch eine Rettung für Schwarz gibt es nicht: 1...fxg6 2.Df7+! Txf7 3.Se6#. (2... Kxf7 3.Th7#); 1...Kxg6 2.Dg2+ Kf5 3.Th5#. Die spektakulärste Variante lautet: **1...Sxg6 2.Dxf7+! Txf7 3.Se6#** (2... Kxf7 3.Th7#.)

Aljechin – Colle

Paris 1925

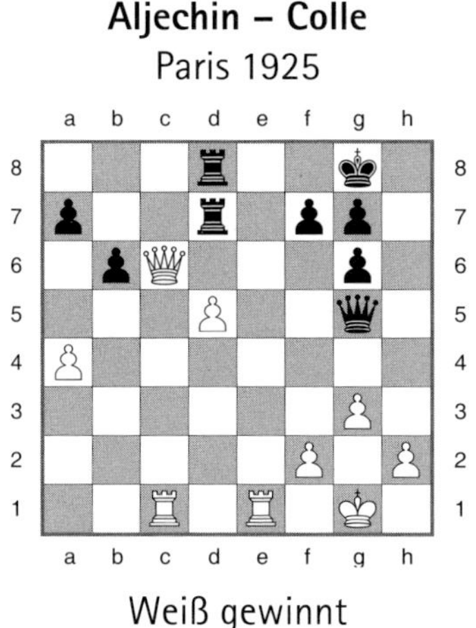

Weiß gewinnt

Alexander Aljechin fühlte sich in der französischen Hauptstadt sehr wohl und lebte lange Zeit dort. In dieser Partie setzte er seine stärkste Figur wirkungsvoll ein: **30.Dxd7! Txd7 31.Te8+ Kh7 32.Tcc8 Td8 33.Texd8** 1-0. Dame und g-Bauer versperrten dem König den Weg, so dass Schwarz kapitulieren musste. Opfer war der belgische Meister Edgar Colle. Im nächsten Beispiel muss sogar ein Vorgänger Aljechins auf dem Schachthron daran glauben.

Aljechin – Lasker
Zürich 1934

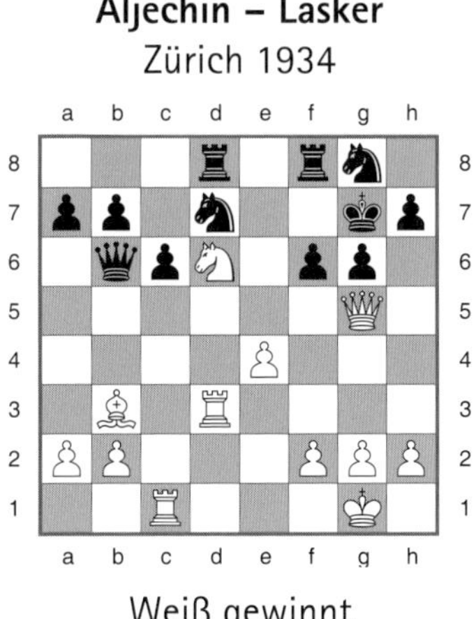

Weiß gewinnt

Der in die Jahre gekommene deutsche Exweltmeister Emanuel Lasker hatte einen schwachen Moment und leistete sich den Fehlgriff 24...f6? Das nutzte der überlegene Turniersieger Alexander Aljechin zu einem effektvollen Schluss: **25.Sf5+ Kh8 26.Dxg6!** 1-0. (26...hxg6 27.Th3+ nebst Matt.)

Kotow – Bondarewski
Leningrad 1936

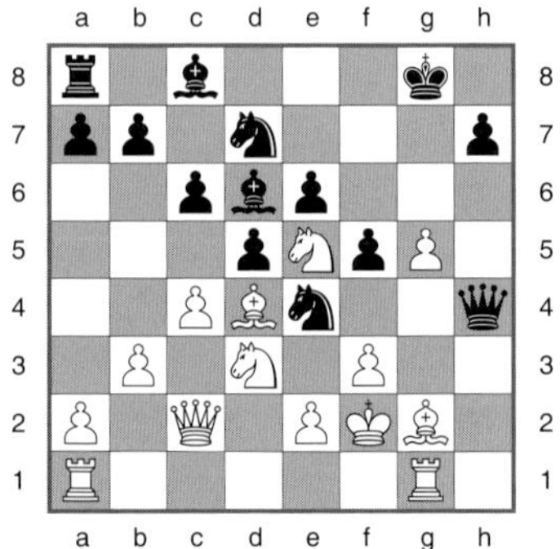

Schwarz gewinnt

Alexander Kotow hätte sich hier mit 23.Kf1 Sg3+ und Remis durch Dauerschach begnügen müssen. Er zog aber **23.Ke3?**, worauf Igor Bondarewski, der spätere Trainer Spasskis, ein wunderschönes Matt im Zentrum geben konnte: **23...f4+ 24.Sxf4 Df2+ 25.Kd3 Dxd4+! 26.Kxd4 Lc5+ 27.Kd3 Sxe5#.**

Judowitsch – Ragosin

Tbilissi 1937

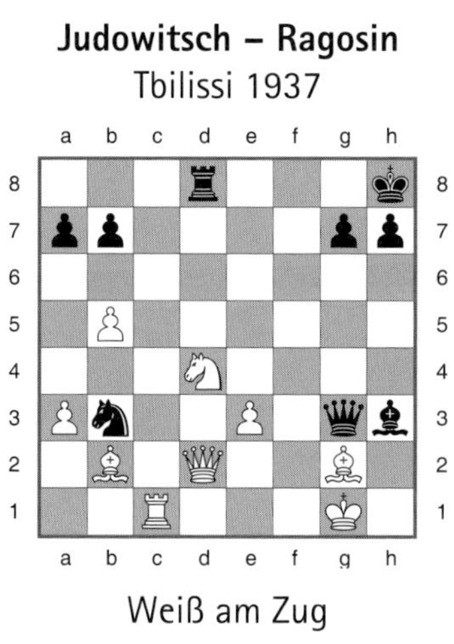

Weiß am Zug

In diesem Spiel aus einer UdSSR-Meisterschaft geschah 32.Df2 Dxf2+ 33.Kxf2 Sxc1 34.Lxc1 Lxg2 35.Kxg2 mit späterem Remis. Hätte Michail Judowitsch das mögliche Matt gerochen, dann wäre diese wunderbare Zugfolge aufs Brett gekommen: **32.Sf5! Dg5** (32...Sxd2 33.Sxg3 Lxg2 34.Kxg2 Sb3 35.Tc7 oder 32...Dxg2+ 33.Dxg2 Lxg2 34.Lxg7+ Kg8 35.Tc7 h5 36.Kxg2) **33.Dxd8+! Dxd8 34.Tc8! Dxc8 35.Lxg7+ Kg8 36.Ld5+ De6 37.Lxe6** matt.

Astro-Schach

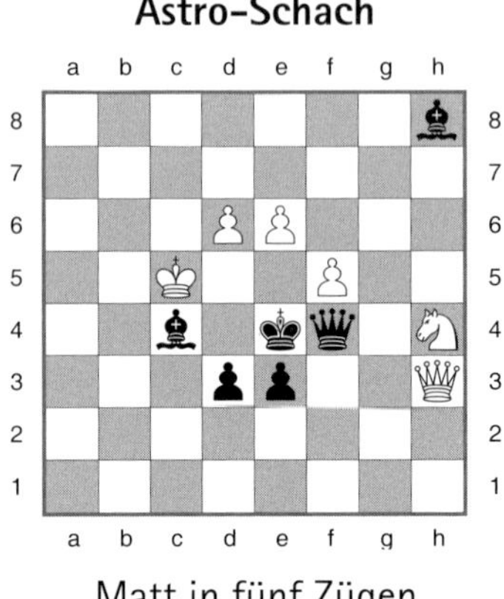

Matt in fünf Zügen

Der russische Studienkomponist **Wladimir Korolkow** schuf über 400 reizvolle Aufgaben, darunter dieses originelle Stück. Stellen Sie sich die Erdkugel (Brettmitte) vor, die von der Sonne (Lh8) beleuchtet wird. Die obere Hälfte ist hell, die untere liegt im Dunkeln. Ein Raumschiff (Dh3) umkreist die Erde und setzt mit seiner Punktlandung im 5. Zug matt! **1.Dh1+ Ke5 2.Da1+ Ke4 3.Da8+ Ke5 4.Dxh8+ Ke4 5.Dd4#.** Steuert das Raumschiff nicht um die ganze Erde herum, ist die Lösung weniger rund: 1...Df3 2.Dxf3+ Ke5 3.Dg3+ Kf6 4.Kd4 Lxe6 5.Dg6#.)

Nei – Bronstein

Leningrad 1960

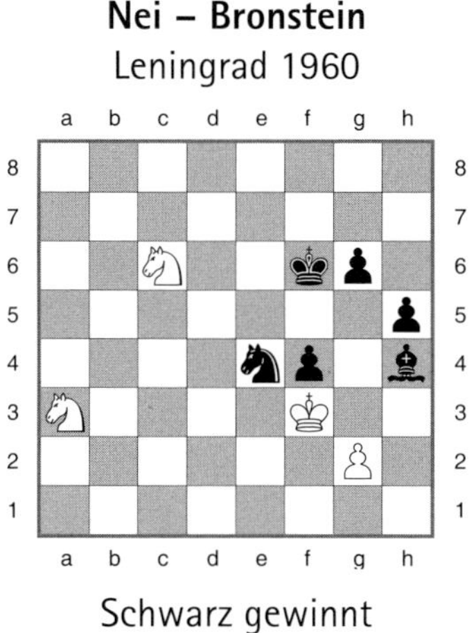

Schwarz gewinnt

Der Ausgang dieser Partie erscheint logisch. Als begnadeter Angreifer verleiht David Bronstein ihm aber eine künstlerische Note. **54...Sd2+ 55.Kxf4 Lf2** 0-1. Plötzlich droht 56... g5#. Ein solches Endspielmatt mitten auf dem Brett kommt selten vor.

Elstner – N.N

Berlin 1960

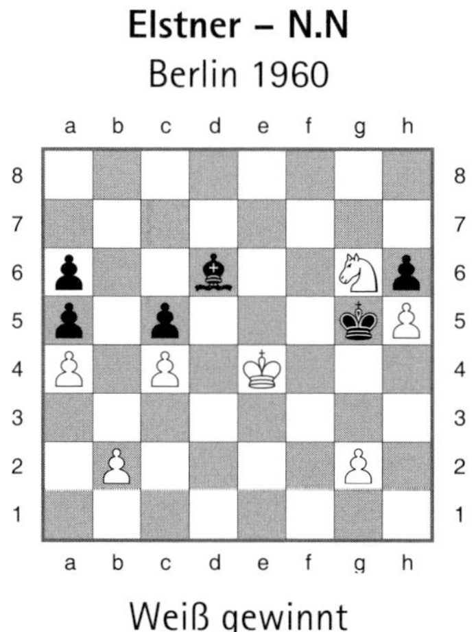

Weiß gewinnt

Gerade hat Rudolf Elstner den König von f3 nach e4 gezogen. Sein Gegner nahm an, der weiße Anführer wolle am Damenflügel Beute machen und bediente sich auf der anderen Seite: **1...Kxh5??** Der Geizkragen übersah die giftige Pointe **2.Kf5!!** mit der Absicht 3.g4#. **2...Lg3 3.b3!** 1-0. Nach dem Abwartezug muss der Läufer weichen. So vielfältig sind die Mattgefahren auch in Endspielen.

Hennings – Uhlmann
Aschersleben 1963

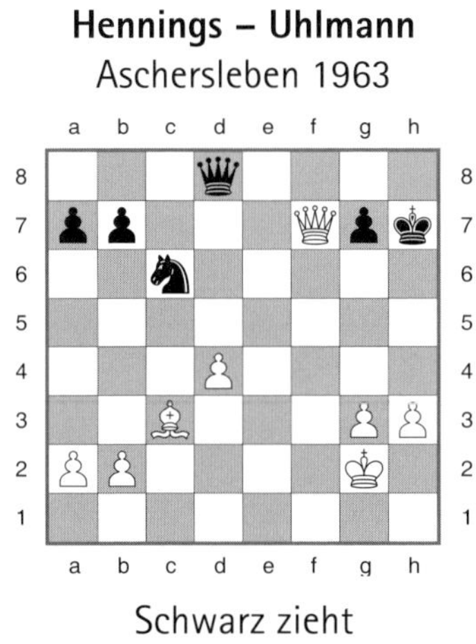

Schwarz zieht

Der DDR-Rekordmeister stand mit dem Rücken zur Wand und spielte **29...Sxd4?**, um einen Bauern zu kassieren. Weiß erwiderte voller Freude **30.Dh5+ Kg8 31.De5** 1-0.
Will Schwarz nicht matt werden, muss er seinen Springer hergeben. Dame und Läufer von Weiß wirkten optimal zusammen.

Bönsch – Litkiewicz
Potsdam 1974

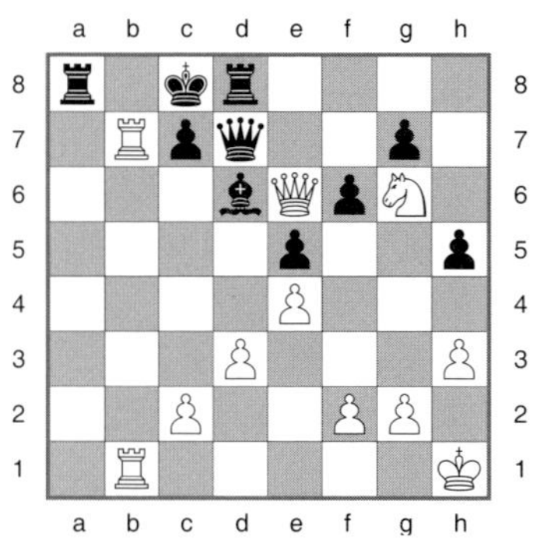

Weiß gewinnt

Schwarz ist überspielt, und Uwe Bönsch findet einen krönenden Abschluss. **29.Se7+ Lxe7 30.Tb8+** 1-0. (30...Txb8 31.Da6+ und 32.Db7 matt.)

Thormann – Syré
Dresden 1978

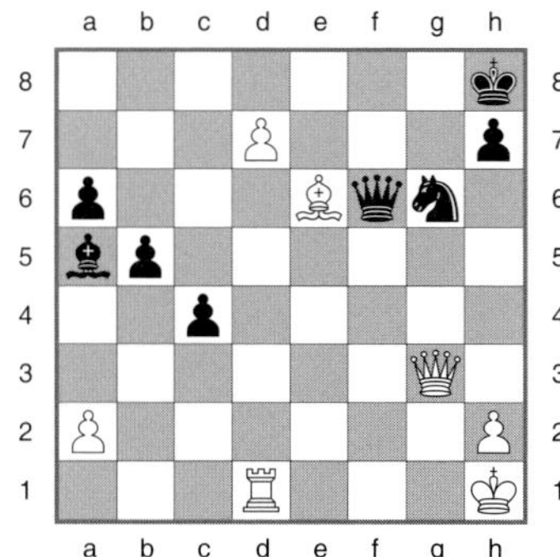

Weiß gewinnt

Der d-Bauer geht unter, aber ruhmreich! **1.d8D+ Lxd8 2.Txd8+** 1-0. (2...Dxd8 3.Dc3+ nebst Matt.) Ein Partieschluss aus dem damaligen Sonderligakampf zwischen Post Dresden und AdW Berlin.

Kasparow – Larsen

Brüssel 1987

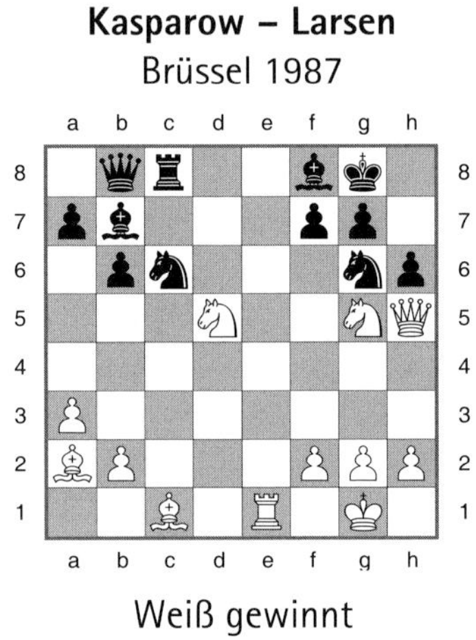

Weiß gewinnt

Garri Kasparow, der am 13. April 2013 seinen 50. Geburtstag feierte, gilt für viele als stärkster Schachspieler aller Zeiten. Hier verpasste er dem Dänen Bent Larsen einen kräftigen Keulenschlag. **24.Dxg6!!** 1-0. Nach 24...fxg6 droht das schöne Finale 25.Sf6+ Kh8 26.Sf7 matt.

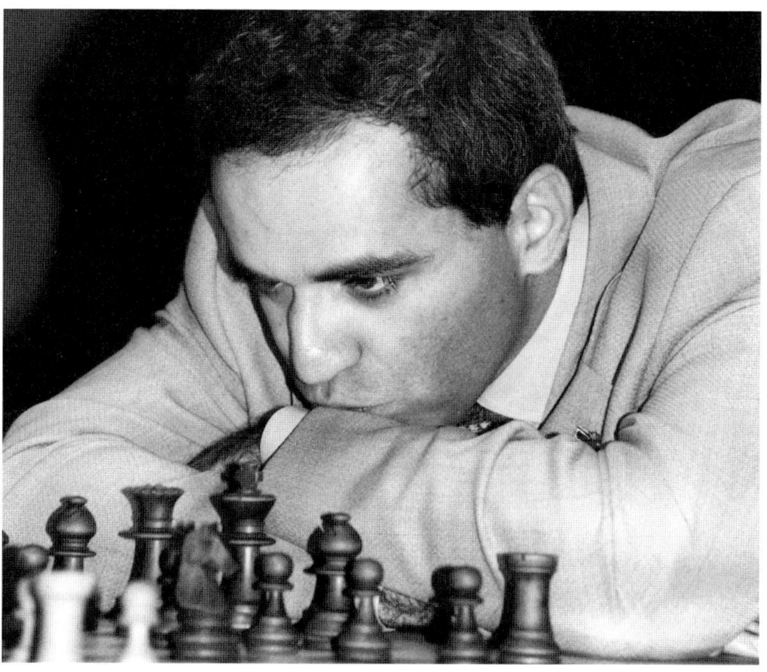

Garri Kasparow

Schtyrenkow – Lorenz
Karl-Marx-Stadt 1990

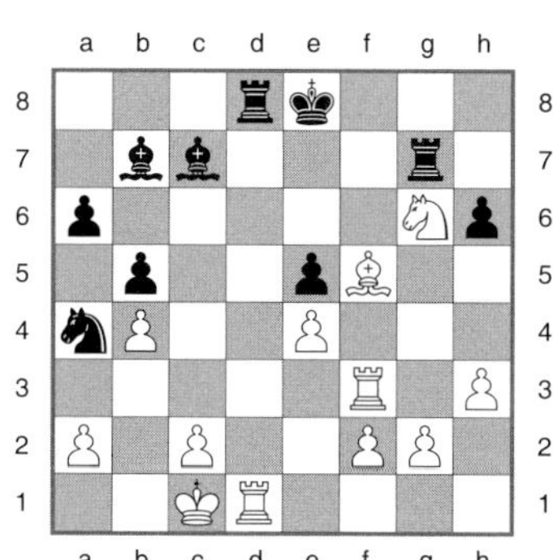

Weiß gewinnt

Nach **24.Ld7+!** kapitulierte Schwarz sofort. Der schneidige Läufer öffnete seinem Turm die f-Linie zum Mattsetzen.

Jukic – Cebalo

Caorle 1991

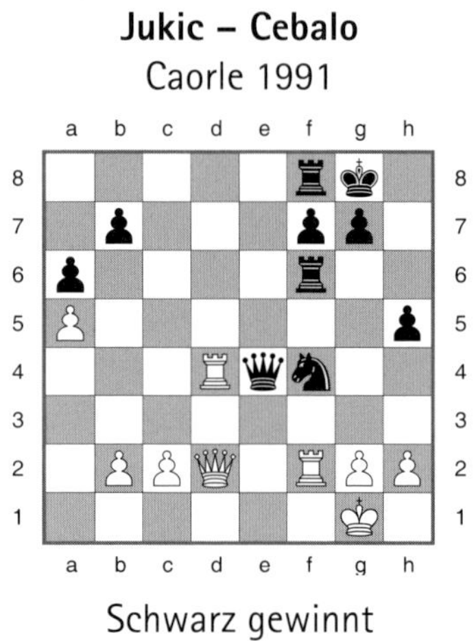

Schwarz gewinnt

Der italienische Ferienort Caorle an der Adria hat nicht nur schöne Sandstrände zu bieten, es wird dort auch Schach gespielt. In dem Open hatte Weiß mit seinem Läufer auf e4 einen feindlichen Bauern geschlagen. Die schwarze Dame verspeiste die Figur, worauf 27.Td4 geschah. Der Anziehende glaubte, nun den Springer auf f4 zu bekommen, was sich als naiv herausstellte. Miso Cebalo hatte weiter gedacht und noch etwas Wichtiges mit seinem Reiter vor: **27...Dxg2+!! 28.Txg2 Sh3+ 29.Kh1 Tf1+ 30.Tg1 Txg1** matt.

Grigore – Holzke

Köln 1993

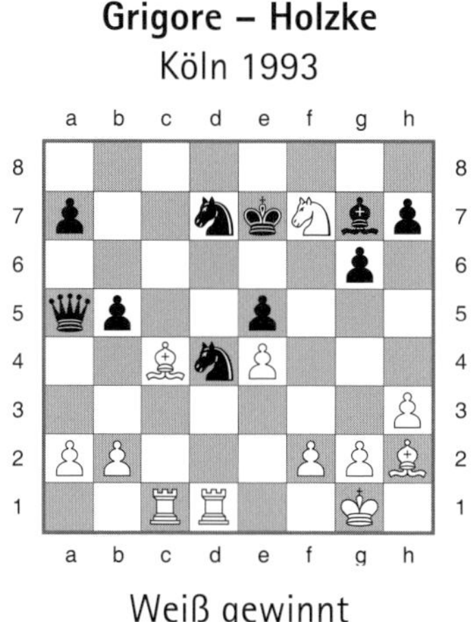

Weiß gewinnt

Beim Citroen-Cup im Kölner Stadtteil Porz demonstrierte der Rumäne George Grigore, was für schöne Mattbilder man mit den Leichtfiguren herbeizaubern kann. Sein Opfer Frank Holzke konnte nur staunen. **25.Txd4! exd4 26.Ld6+ Ke8 27.Le6 Sb6 28.b4! Da3 29.Tc7 Lf8 30.Sg5 Kd8** Auf 30… Lxd6 folgt 31.Lf7+ und 32.Se6 matt. **31.Lf7!** 1-0. Wieder droht das Aus durch den Springer.

Turzo – Gelzenis
Hans-Klee-Memorial
Bern 1991

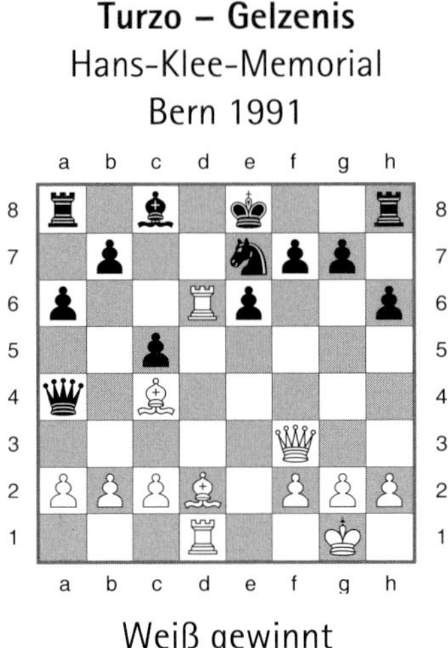

Weiß gewinnt

Schwarz hatte zuletzt recht planlos herumgezogen, noch keine Rochade ausgeführt und seine Dame ins Abseits gestellt. Schnell roch Weiß den Braten, er musste sich nur an den Reti-Mechanismus erinnern. **18.Td8+! Kxd8 19.La5+** nebst Matt.

Kornin
2006

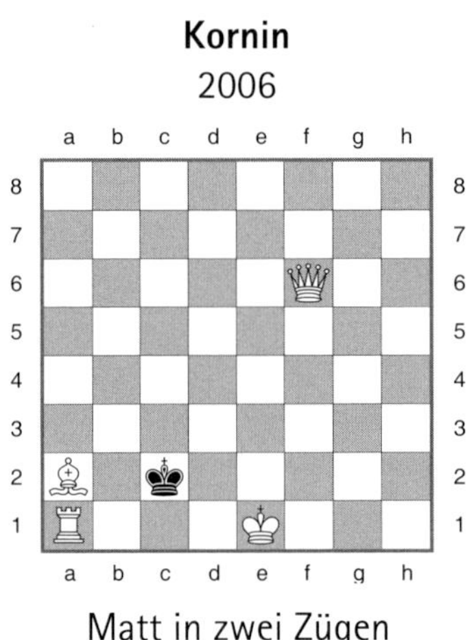

Matt in zwei Zügen

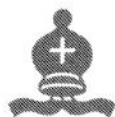

Wenig Material und viel Humor sind die Zutaten in dieser Aufgabe eines Brasilianers. Ihre feine Lösung: **1.De5! Kd3 2.0-0-0!** matt. Die Rochade hatte das letzte Wort. Unser elektronisches Schachprogramm versagte hier und setzte erst in drei Zügen matt: 1.Tc1+ Kd3 2.Lb1+ Ke3 3.Tc3#. Computer sind eben humorlos.

J. Polgar – Kaidanow
Hilton Head (USA) 2010

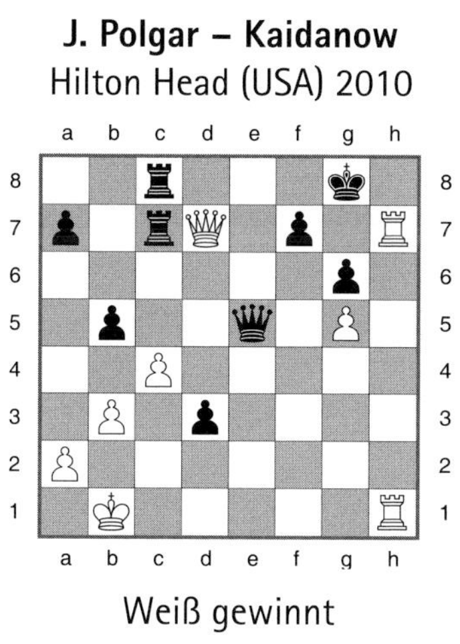

Weiß gewinnt

36.Dd6! 1-0. Die weiße Dame ist tabu. Grigori Kaidanow ließ sich 36...Dc3 37.Df6! Dc2+ 38.Ka1 nicht mehr zeigen, denn er kann das Matt nicht verhindern. Auch der Schwenk 36.Dh3 hätte zum Sieg gereicht, aber Judit Polgars Textzug war natürlich spektakulärer.

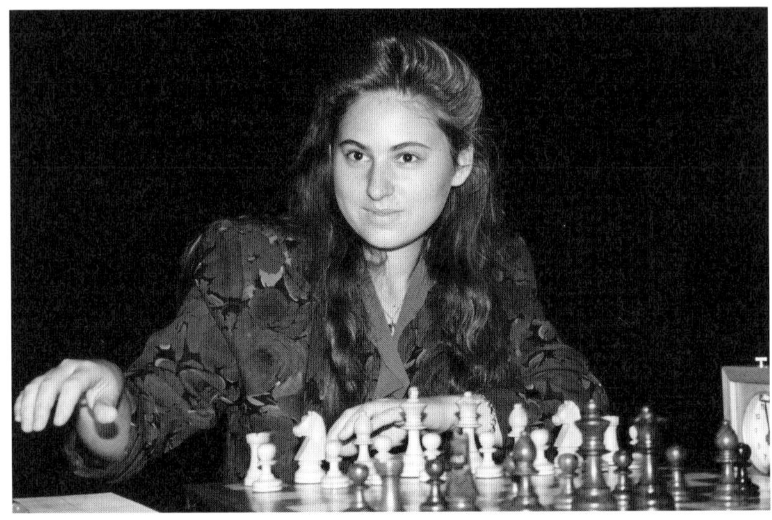

Judit Polgar

Jumabajew – Maletin
Moskau 2011

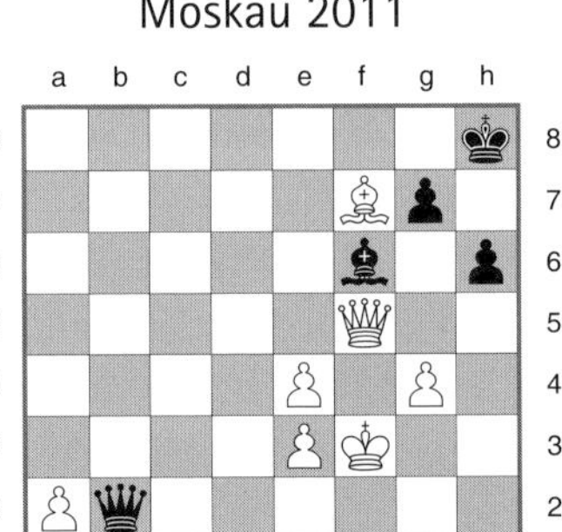

Schwarz gewinnt

Die Idee 38.Lxf7? von Weiß hatte ein Loch. Er bot seinen Turm als Lockspeise an und wollte die Partie nach 38... Txh1 mit 39.Dc8+ nebst 40.Dg8 matt beenden. Schwarz

konterte mit dem raffinierten Zug **38...Lh4!** Ein klassisches Ablenkungsmanöver. **39.Txh4 Tf1+ 40.Kg3 Tg1+** Die weiße Dame interessiert den Nachziehenden nicht. Er denkt nur an das Ziel des Schachspiels. **41.Kf4 g5+!** Schon riecht es nach Matt. **42.Dxg5 Tf1+**, und in zwei Zügen ist alles vorbei. 0-1

Pakleza – Jakubowski

Warschau 2011

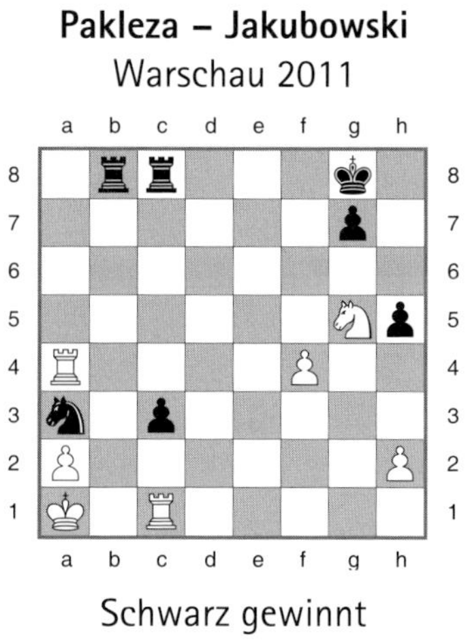

Schwarz gewinnt

Er kennt ein altes Matt-Motiv, das immer neue Freude bringt. **57...Tb1+!** 0-1. (58.Txb1 Sc2 matt.)

Peralta – Rodriguez Vargas

Barcelona 2011

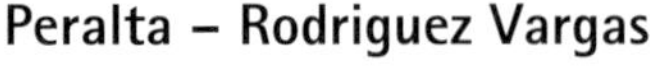

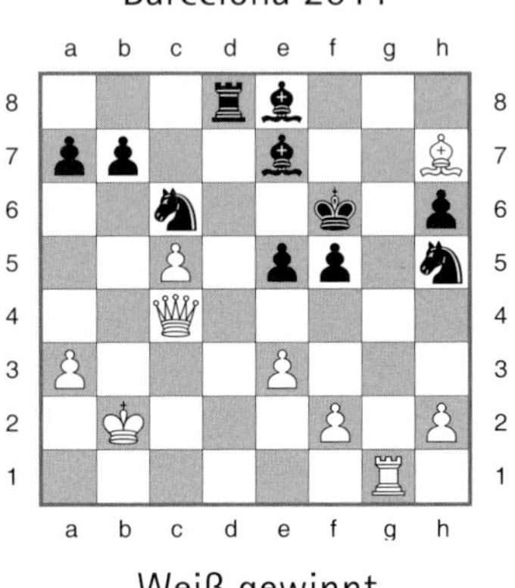

Weiß gewinnt

In der katalonischen Team-Meisterschaft nutzte der Anziehende die prekäre Lage des schwarzen Chefs. **26.Lg8!** 1-0. Auf 26...Sg7 folgt 27.Dh4 matt.

Dimow – Rudolf

Skopje 2013

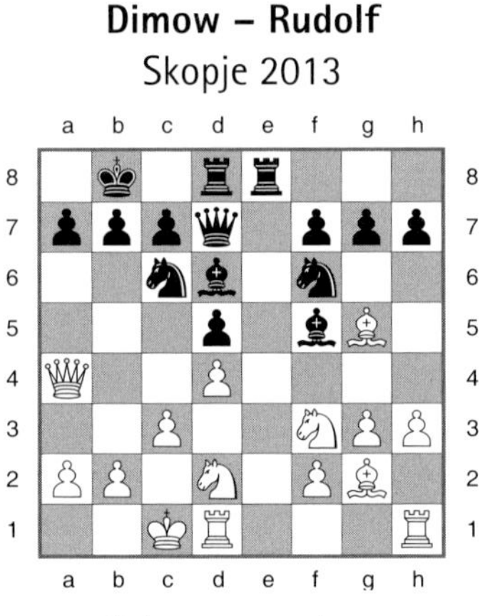

Schwarz gewinnt

Die Ungarin Anna Rudolf glänzte beim Karpoš Open mit dem schönen Zug **13...Sb4!** 0-1. Weiß blieb nur die Wahl zwischen Pest und Cholera, das heißt Damenverlust oder Matt: 14.Db3 Sd3+ 15.Kb1 Sc5+, bzw. 14.Dxd7 Sxa2#.

Cvetkovic – Perunovic

Vrnjacka Banja 2013

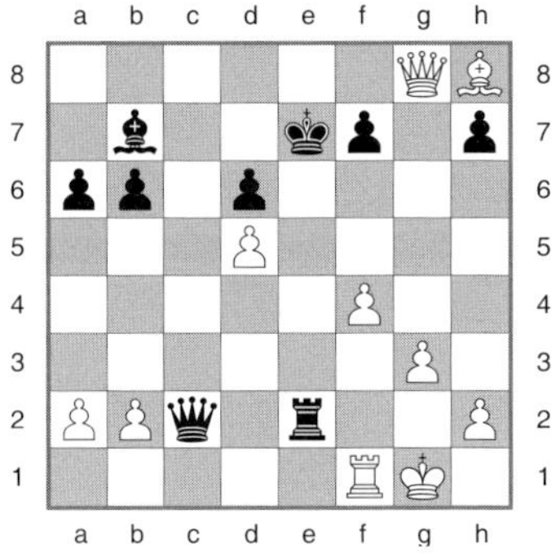

Weiß gewinnt

Schwarz stand auf Gewinn und musste nach 28.Dg8+ seinen König auf das Feld d7 ziehen, dann wäre dieser über c8 entkommen. Sein kleiner Fehltritt nach e7 hatte große Wirkungen: **29.Lf6+!** 1-0. (29...Kxf6 30.Dg5#; 29...Kd7 30.Dd8#.)

Dshumajew – Kasakow
Taschkent 2013

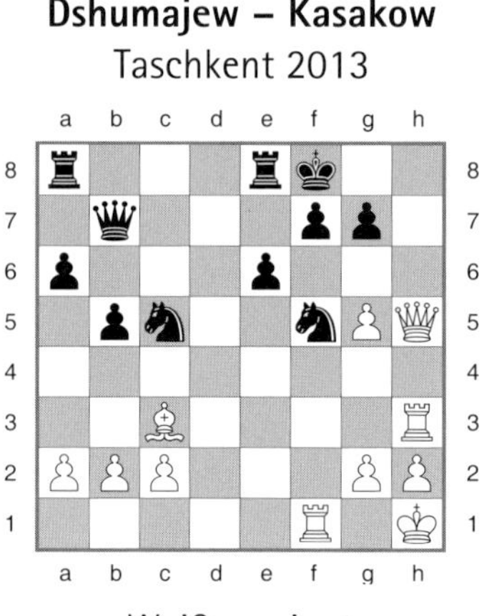

Weiß gewinnt

Der Einschlag **26.Lf6!** beendete den Kampf. 1-0. Nach 26... gxf6 27.gxf6 entkommt der schwarze König nicht mehr.

Bivol – Rjanowa
Sotschi 2013

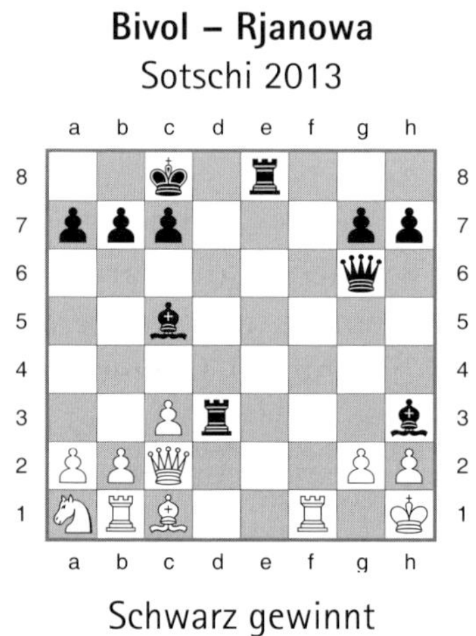

Schwarz gewinnt

21...Td1! 0-1. „Dame oder Leben!" gab Waleria Rjanowa ihrer Gegnerin zu verstehen.

Anekdoten

Ich war zu klein für die Schach-Schülermannschaft!

WOODY ALLEN

Lautloser Rückzug

Der Berliner Meister Curt von Bardeleben war ein hochsensibler, auf seine Umgebung oft skurril wirkender Mensch. Beim Schachturnier in Hastings hegte er nach vorzüglichem Start berechtigten Hoffnungen auf ein gutes Abschneiden. Dann aber geriet er gegen Wilhelm Steinitz in einen furchtbaren Mattangriff, wonach er die Partie nicht etwa aufgab, sondern einfach aus dem Turniersaal verschwand. Von Bardeleben ließ seinen berühmten Gegner am Brett allein und sich nicht mehr blicken. Diese Form der Kapitulation praktizierte er später häufig, so dass man mit seinem Namen das geflügelte Wort verknüpfte: „Liegt deine Partie mal ganz darnieder, dann geh raus und komm nicht wieder!".

Steinitz – von Bardeleben
Hastings 1895

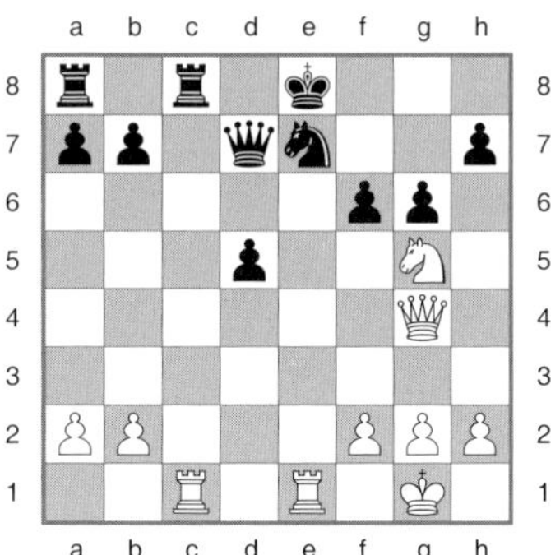

22.Txe7+!! Der Beginn einer unsterblichen Kombination. Das Turmopfer kann nicht angenommen werden. Wenn 22...Dxe7, so 23.Txc8+ nebst 24.Dxc8+. Auf 22...Kxe7 folgt 23.Te1+ Kd6 24.Db4+ Kc7 25.Se6+ Kb8 26.Df4+. **22...Kf8** Was für eine Stellung! Alle weißen Figuren hängen, es droht ein Matt auf der ersten Reihe. Das alles nützt Schwarz jedoch nichts und macht die Partie so einzigartig. **23.Tf7+! Kg8 24.Tg7+! Kh8** Oder 24...Kf8 25.Sxh7+ Kxg7 26.Dxd7+, und Weiß gewinnt. **25.Txh7+!** 1-0

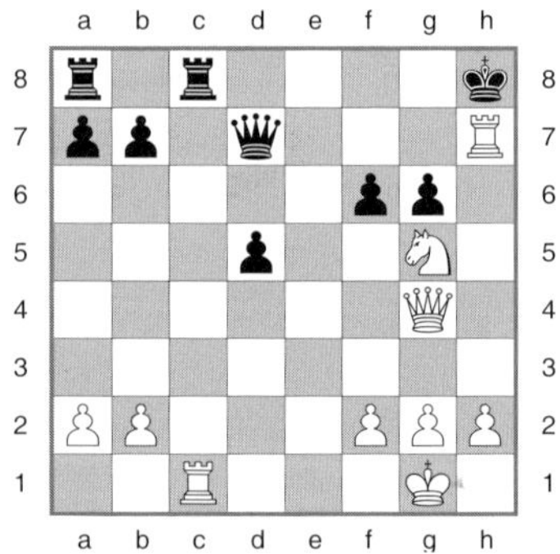

Nach diesem Zug des tollkühnen Turms verließ von Bardeleben deprimiert den Spielsaal, ohne seinem Bezwinger

zu gratulieren. Das taten die Schiedsrichter für ihn. Steinitz zeigte dann die Krönung seiner tief durchdachten Kombination, die leider hinter den Kulissen blieb: 25...Kg8 26.Tg7+ Kh8 27.Dh4+ Kxg7 28.Dh7+ Kf8 29.Dh8+ Ke7 30.Dg7+ Ke8 31.Dg8+ Ke7 32.Df7+ Kd8 33.Df8+ De8 34.Sf7+ Kd7 35.Dd6 matt. Der erste Weltmeister hatte nicht weniger als 14 Züge vorausberechnet! Die Partie erhielt natürlich den Schönheitspreis.

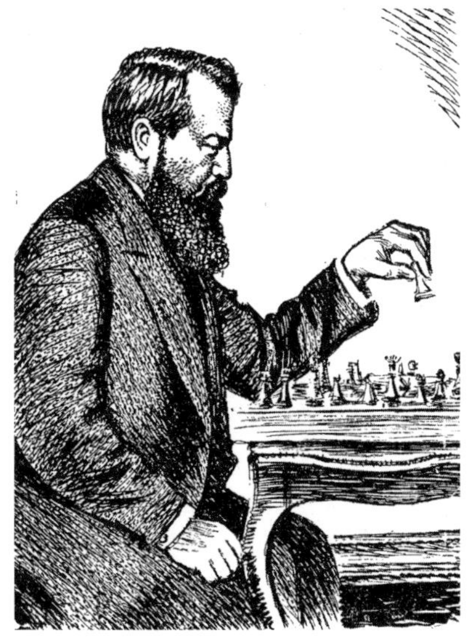

Wilhelm Steinitz

„Spielen Sie Schach!"

Der Dramatiker George Bernard Shaw speiste eines Abends mit einem Kollegen in einem Restaurant, wo ein Orchester mit großer Lautstärke aufspielte. Bald kam der Dirigent an den Tisch des weltberühmten Spötters, um ihn zu begrüßen. Er fragte Shaw, was er ihm zu Ehren als nächstes spielen solle. Die Antwort des Literatur-Nobelpreisträgers kam prompt: „Ich wäre Ihnen sehr verbunden, wenn Sie eine Partie Schach spielen."

Viel Abwechslung

Im Jahre 1910 gewann Dr. Emanuel Lasker einem Wettkampf um die Schachkrone gegen Dawid Janowski glatt mit 8:0. Insgesamt trugen sie elf Spiele aus, aber drei Remispartien wurden laut Reglement nicht mitgezählt. Die Wiener Schachzeitung kommentierte die Siegesserie des deutschen Weltmeisters mit den humorigen Worten: „Es war das abwechslungsreichste Match der Welt. An einem Tag gewann Weiß, am anderen Tag Schwarz."

Das schönere Matt

Meister Gawril Weressow hatte in einer Partie die Zeit überschritten. Danach begann er vorzuführen, wie er nach Belieben in drei oder fünf Zügen mattsetzen konnte. „Warum haben sie solange überlegt und keinen Zug gemacht?", fragte man ihn. „Ich wollte herausfinden, welches Matt schöner ist."

Eine Todsünde

Im vorigen Jahrhundert ging ein Schachliebhaber zu seinem Rabbiner und fragte ihn, ob es eine schwere Sünde sei, wenn er an Samstagen seiner Leidenschaft fröne und Turniere spiele. Ehe der Religionslehrer darauf antwortete, wollte er die Fähigkeiten des Mannes prüfen und schlug vor, einige Partien auszutragen. Hinterher stöhnte der Rabbi: „Wenn

man so schlecht Schach spielt wie du, mein Sohn, begeht man eine Todsünde. Nicht nur samstags, sondern auch an allen anderen Tagen der Woche."

Unfreiwillige Strapaze

Zur Schacholympiade 1930 in Hamburg hatte das lettische Team nach Berechnung seines Kapitäns nicht genug Geld für die letzte Übernachtung. Deshalb verbrachten die Spieler die Sommernacht vor der Schlussrunde unter freiem Himmel. Sie schliefen auf Parkbänken und mussten am nächsten Morgen noch gegen Frankreich antreten. Erst danach stellte sich heraus, dass die Hotelrechnung der Mannschaft aus dem Baltikum schon bis zum Ende der Olympiade beglichen war.

Kultivierte Werfer

Ein Fußballschiedsrichter besaß eine originelle Sammlung von Gegenständen, mit denen ihn empörte Zuschauer beworfen hatten. Sein Kommentar zu den Utensilien: „Ich glaube, man kann diese Dinge schwer miteinander vergleichen; manche Fans haben sogar Pflastersteine nach mir geworfen. Am kultiviertesten jedoch waren die Isländer. Sie warfen mit Schachfiguren!"

Olympiade-Miniatur

In jedem Turnier gibt es Kurzschlüsse. Die Partie mit den wenigsten Zügen bei einer Schacholympiade spielten der Schotte Robert Forbes Combe und der Lette Wolfgang Hasenfuss. Es passierte beim Turnier der Nationen in der englischen Küstenstadt Folkestone. Weiß gab schon nach 1.d4 c5 2.c4 cxd4 3.Sf3 e5 4.Sxe5?? Da5+ auf.

Combe – Hasenfuss
Folkestone 1933

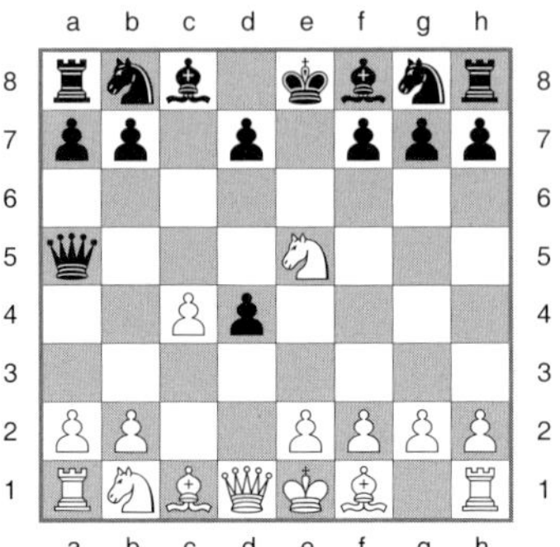

Durch Combes dicken Patzer im vierten Zug geht der Springer im Zentrum verloren. Der lettische Kontrahent war nicht nur in diesem Spiel erfolgreich. Hasenfuss gehörte bei der Olympiade am Ärmelkanal zu den besten Reservespielern.

Mieses' Humor

Schachmeister Jacques Mieses (1865-1954) besaß feinen Humor. An seinem 80. Geburtstag gab man ihm zu Ehren ein kleines Fest. Mieses schloss seine Dankesrede mit den launigen Worten: „Wie statistisch erwiesen ist, sterben die meisten Menschen zwischen dem 60. und 80. Lebensjahr. Da ich diese Gefahrenzone nun überschritten habe, brauche ich mir wohl keine Sorgen mehr zu machen."

In seinem letzten Turnier in Stockholm 1948 wurde der Maestro Dritter. Der Zufall wollte es, dass der 83-jährige Mieses gegen den 84-jährigen Holländer van Foreest spielen musste. Er gewann und meinte verschmitzt: „Die Jugend hat triumphiert!"

Frauen haben immer recht

Bei einer UdSSR-Landemeisterschaft hatte Wassili Smyslow eine schwierige Hängepartie gegen Lew Aronin. Zu Hause überzeugte sich der Figurenkünstler davon, dass seine Stellung hoffnungslos ist. Er beschloss, den Schiedsrichter anzurufen und das Spiel aufzugeben. „Auf keinen Fall, du musst kämpfen!“, protestierte Smyslows Ehefrau Nadjeshda. – „Es gibt doch keine Rettungschancen.“ – „Geh hin und spiele!“ Smyslow schaffte tatsächlich ein Remis und bedankte sich bei seiner Gattin: „Du hast das Endspiel besser eingeschätzt als ich.“

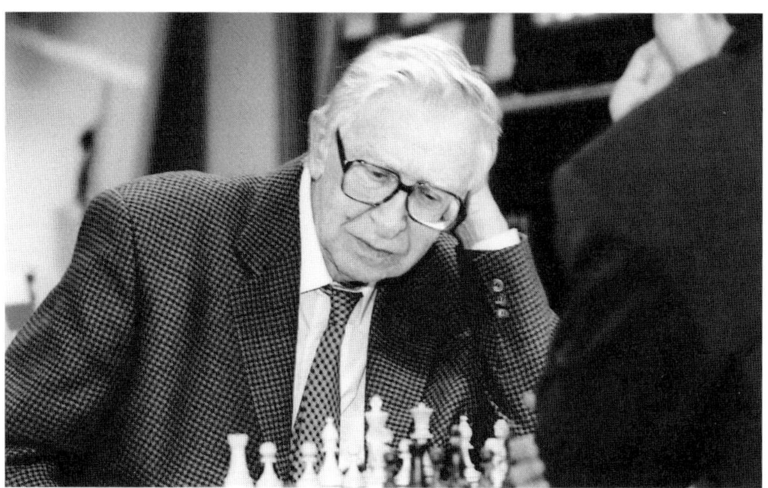

Wassili Smyslow

Tipps für Schachspieler

1. Meide vor einer Turnierpartie Bacchus, Gambrinus und Venus.
2. Genieße niemals vor dem Spiel eine üppige Mahlzeit.
3. Ein Glas Zitronenwasser ist ein ideales Getränk beim Schach.
4. Die besten Partien werden nach ausreichender Nachtruhe gespielt.

(Ernährungswissenschaftler Karl Przygodda im „Schach-Taschenjahrbuch" 1953)

Fischers Sadismus

Bobby Fischer hat mehrfach betont, es gehe ihm beim Schach darum, das Ego seiner Gegner zu brechen. „Man muss sie zerquetschen!" Schon sehr früh habe der Amerikaner auch außerhalb des Bretts seine sadistische Ader gezeigt, erzählte der isländische Großmeister Fridrik Olafsson. „Beim Interzonenturnier 1958 in Portorož, wo wir beide uns für die nächste Runde im WM-Zyklus qualifizierten, frühstückte ich häufig mit Bobby im Hotelgarten. Fliegen, die ihn beim Essen störten, hat er einfach mit dem Messer zerschnitten!"

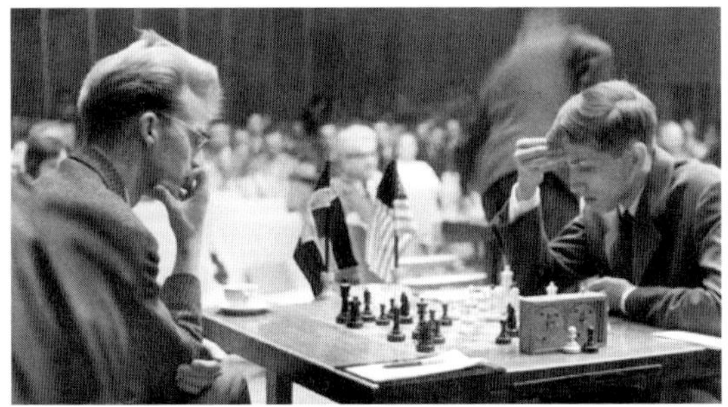

Olafsson und Fischer

Schönste Niederlage

Thomas Pähtz spielte in jungen Jahren bei einem Turnier gegen Michail Tal. Seinem Naturell entsprechend, opferte der Schachzauberer aus Riga plötzlich nach Herzenslust einen ganzen Turm. Danach konnte Schwarz sofort aufgeben. Noch heute bezeichnet der Thüringer Großmeister diese denkwürdige Begegnung als seine schönste Verlustpartie.

Tal – Pähtz

Halle 1974

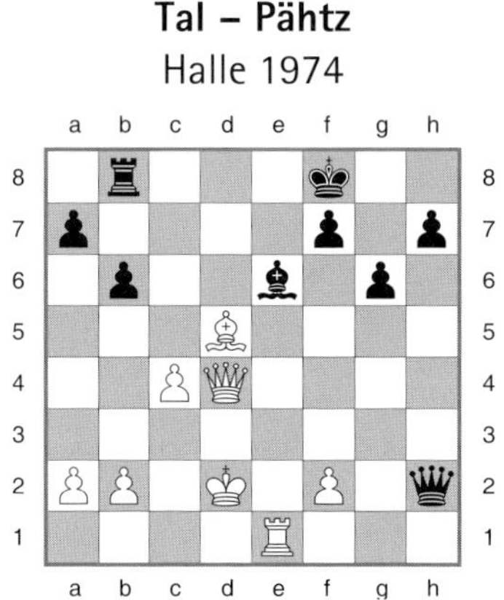

22.Txe6! 1-0. Das Matt ist nicht zu verhindern: 22…fxe6 23.Df6+ Kg8 24.Le6# oder 23…Ke8 24.Lc6#.

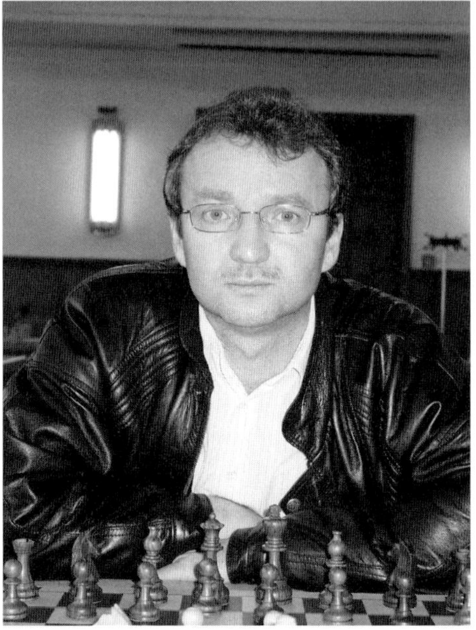

Thomas Pähtz

Dreifaltigkeit des Schachs

Einmal fragte ein junger Schachfreund in Moskau einen bekannten Spieler: „Was meinen Sie, ist Schach Kunst, Sport oder Zeitverschwendung?“ Der Angesprochene erwiderte: „Das hängt davon ab, wer spielt. Wenn Wassili Smyslow Schach spielt, ist es Kunst, wenn ich spiele, ist es Sport, und wenn Sie spielen, ist es Zeitverschwendung!“

Der Fingerfehler

Ian Rogers gewann die australische Meisterschaft 1980 in überlegener Manier. In der 8. Runde half ihm sein Landsmann Darryl Johansen, dem ein großes Missgeschick passierte.

Johansen – Rogers
Adelaide 1980

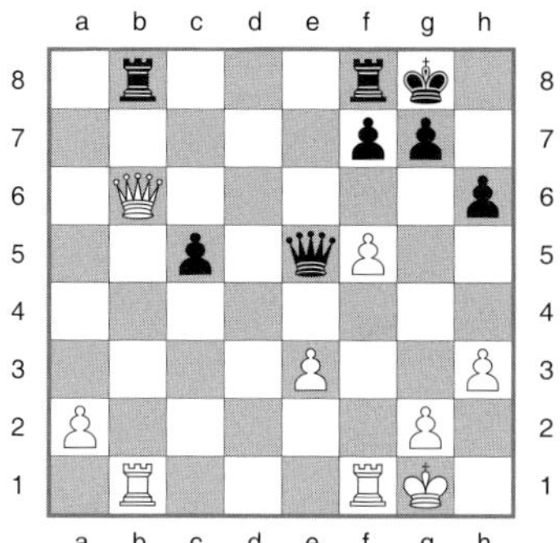

28.Db5?? Txb5 0-1. Der Augenzeuge Robert Jamieson berichtete: „Johansen zog seine angegriffene Dame nach c6. Er behielt sie aber in der Hand und stellte sie dann wieder zurück, um noch einmal nachzudenken. Das Problem war: Weiß setzte sie nicht auf ihren ursprünglichen Platz b6, sondern auf das Feld b5, worauf der Gegner sie schlagen konnte."

Liebe zum Schach

Die Großmeister Jefim Bogoljubow und Savielly Tartakower sollten einmal in einem Gästebuch ihre Liebe zum Schachspiel begründen. Bogoljubow schrieb: „Ich liebe das Schachspiel, weil es so logisch ist." Tartakower las dies und konnte der Verlockung nicht widerstehen zu notieren: „Ich liebe das Schachspiel, weil es so unlogisch ist."

Schön und schlau

Bei der Schacholympiade in Bled fiel mir eine junge Frau aus Botswana in feiner Kleidung auf. Tshepiso Lopang war wirklich eine elegante Erscheinung. Mit ihrem langen Mantel, den Stiefeln und der Tasche bewies die Afrikanerin sehr viel Geschmack. Gut Schach spielen konnte sie auch.

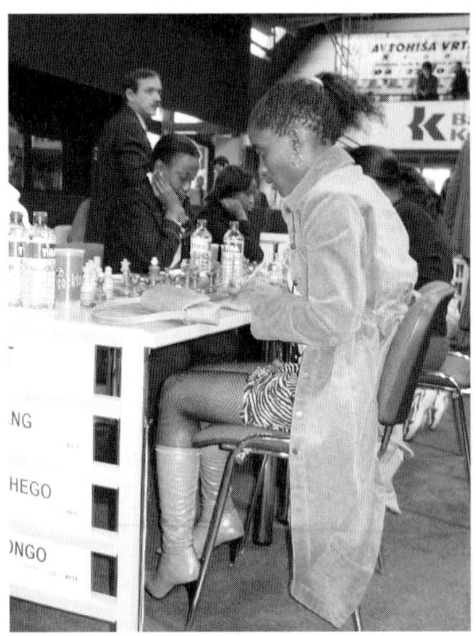

Tshepiso Lopang

Lopang – Zainal Fahrah

Bled 2002

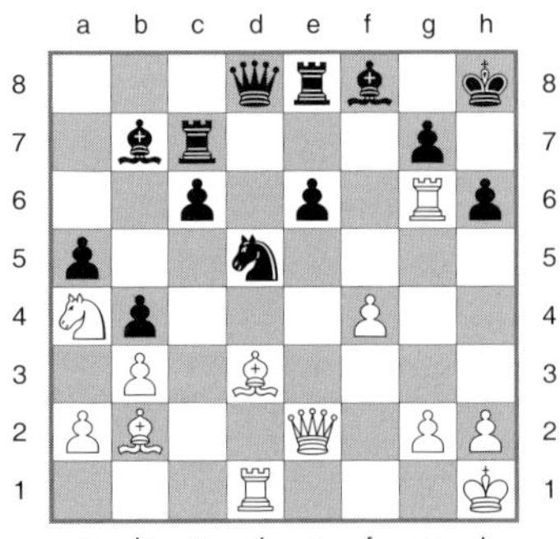

Nachdem ihre Gegnerin aus dem Sultanat Brunei mit 27... Sf6-d5? die schwarze Deckung sträflich vernachlässigt hatte, startete Tshepiso sogleich eine unwiderstehliche Mattattacke. **28.Txh6+ Kg8 29.Th8+! Kxh8 30.Dh5+ Kg8 31.Lh7+** 1-0. (31...Kh8 32.Lg6+ Kg8 33.Dh7#). Botswanas Frauen belegten bei der Olympiade in Slowenien nur den 85. Platz, das konnte ihre Freude am Denksport jedoch nicht trüben.

Duft des Spiels

Ein russischer Schachspieler, der geistigen Getränken sehr zugetan war, kam erst am frühen Morgen nach Hause. Die Ehefrau musterte ihn von oben bis unten und fragte wütend: „Wo bist du so lange gewesen?“ – „Ich spielte mit einem Freund Schach.“ – „Warum riechst du dann nach Wodka?“ Der Mann erwiderte spöttisch: „Soll ich etwa nach den Holzfiguren riechen?“

Der Mann im Hintergrund

Die Dortmunder Schachtage 2003 bleiben dem Chronisten als Turnier der Überraschungen und als Hitzeschlacht in Erinnerung. Im Schauspielhaus mussten die Großmeister ihre Figuren bei tropischen Temperaturen setzen. Nicht der Seriensieger Wladimir Kramnik gewann, sondern mit Viorel Bologan ein Außenseiter. Am Eröffnungstag stand der Großmeister aus Moldawien noch bescheiden hinter dem hohen Favoriten, am Ende wurde Bologan am meisten gefeiert. Das Siegerlächeln hatte er vorher schon geübt.

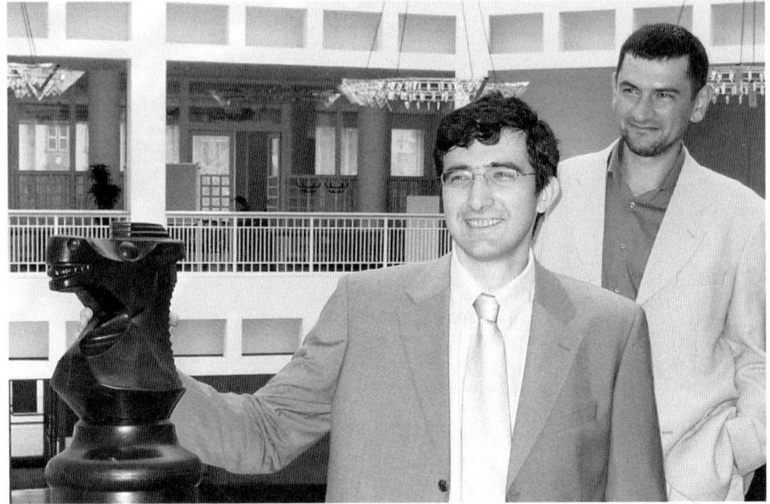

Kramnik und Bologan

Schach fürs Guinness Buch

Im Oktober 2006 erlebte der Zócalo in Mexiko-Stadt ein Schachfestival, das es bis dahin noch nicht gegeben hatte. Auf dem riesigen Platz der Verfassung im Zentrum der Mega-City fand eine Simultanveranstaltung mit 14 000 Teilnehmern statt. Ehrengast war Exweltmeister Anatoli Karpow. Der Moskauer startete auch einen Rekordversuch, und zwar im Autogrammschreiben. Er signierte während der Veranstaltung fast 2 000 Bücher. Einige Meter weiter spielte die Schachlegende Viktor Kortschnoi mit den Jungstars Alexandra Kostenjuk und Sergej Karjakin sowie dem mexikanischen Großmeister Gilberto Hernandez ein Schnellturnier. Organisator Hiquingari Carranza hatte vorher gebetet, dass es an diesem Sonntag nicht regnet. Der Himmel erhörte ihn.

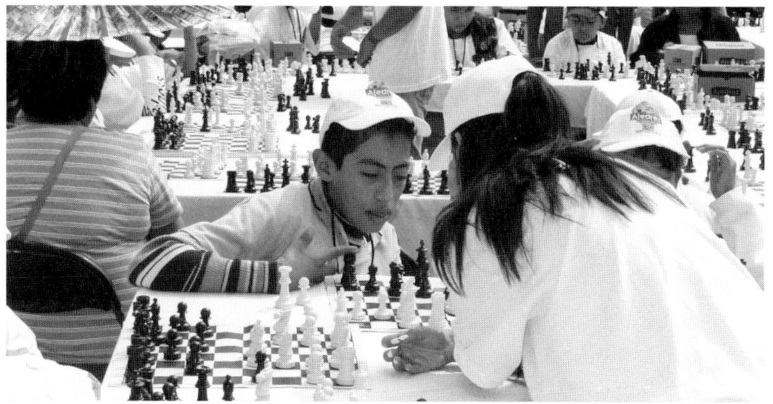

Schachfest in Mexiko-Stadt

Herr und Hund

Zur Berliner Seniorenmeisterschaft 2010 brachte Schachfreund Konrad Durth jeden Tag seinen Hund mit. Während einer Partie wurde es dem Tier langweilig, und es begann leise zu jaulen. Kurzerhand baute sein Herr ein Extra-Brett auf und zeigte dem Rüden ein paar interessante Züge. Der Hund beruhigte sich und blieb fortan stumm.

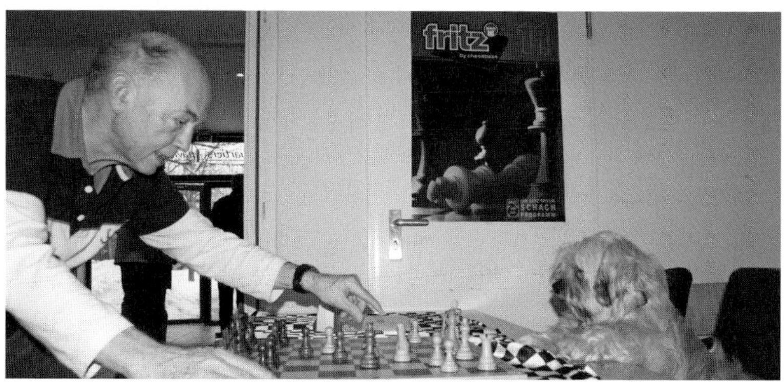

Schach mit dem Hund

Trainerwechsel

Der Norweger Magnus Carlsen überraschte die Schachszene Anfang 2013 mit der Nachricht, dass Peter Heine Nielsen sein neuer Chefsekundant wird. Zuvor war der dänische Großmeister Trainer von Weltmeister Viswanathan Anand. Nun half Nielsen dem Weltranglisten-Ersten aus Skandinavien, das WM-Kandidatenturnier in London zu gewinnen. Selbst besiegen könnte der baumlange Däne seinen starken Schützling heute kaum noch.

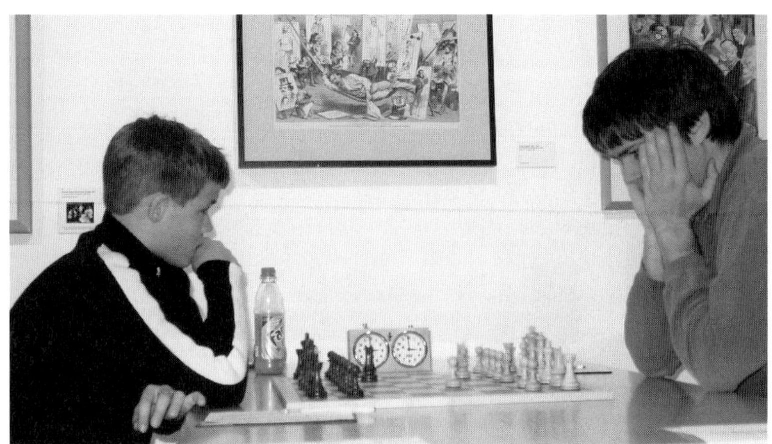

In der Schach-Bundesliga behielt Nielsen gegen den 14-jährigen Wunderknaben Carlsen noch die Oberhand.

Weltberühmt

Das US-Nachrichtenmagazin „Time" erstellt jedes Jahr eine Liste mit den hundert einflussreichsten Personen. Im April 2013 zählte es Magnus Carlsen trotz seiner Jugend zu den berühmtesten Menschen der Erde. Mit ihm wurde zum zwei-

ten Mal in der Geschichte der „Time 100“ ein Schachspieler in die Liste aufgenommen. Die Laudatio für den Norweger schrieb Garri Kasparow, der 2007 selbst aufgrund seiner politischen Aktivitäten von „Time“ gelistet wurde: „Ich hatte die Gelegenheit, Carlsen 2009 zu trainieren. Sein intuitiver Stil bewahrt das Geheimnisvolle des Schachs. Magnus ist ebenso charismatisch und unabhängig wie talentiert. Wenn er die Faszination für das Schach wiedererweckt, dann werden wir bald in der Carlsen-Epoche leben.“

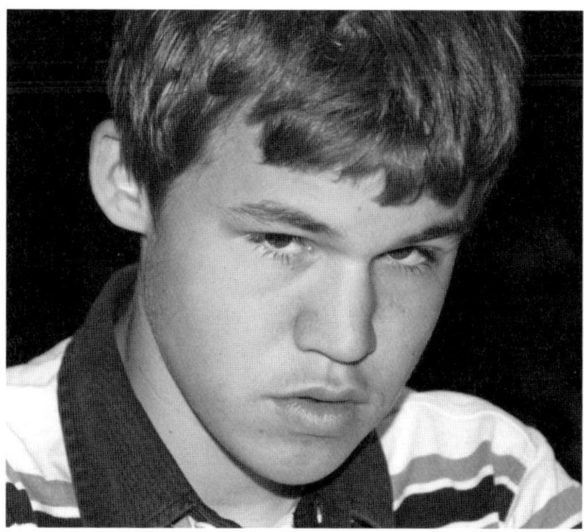

Magnus Carlsen

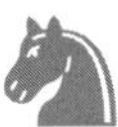

Zwischenzüge

Mit einer guten Position gewinnt man
kein Spiel, aber mit guten Zügen.

GERALD ABRAHAMS

Sie sind in der Regel schwer vorauszusehen, weil sie unerwartet kommen. Zwischenzüge verstärken einen Plan oder machen ihn gar erst möglich. Nicht selten verhindern solche Manöver eine beabsichtigte Kombination des Gegners. Häufig werden mit diesen stillen Zügen Partien entschieden. Manchmal ist der Zwischenzug auch ein Schachgebot. Wird ein Spieler derart überrascht, hat dies oft einen psychologischen Effekt. Alexander Aljechin zauberte in der folgenden Partie mehrere geniale Zwischenzüge aufs Brett.

Bogoljubow – Aljechin
Hastings 1922

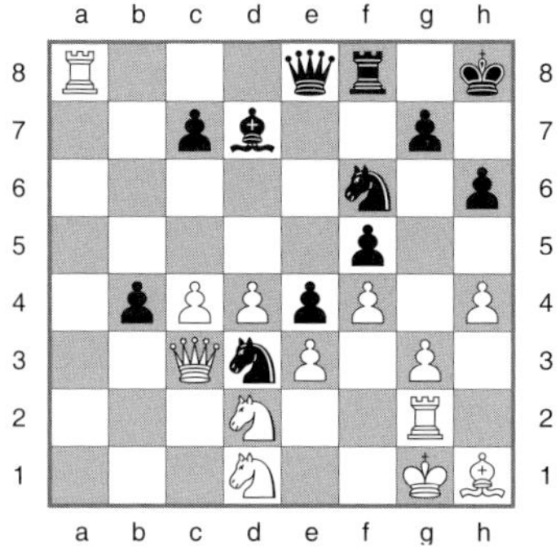

Schwarz gewinnt

Jefim Bogoljubow hatte den Turm auf a8 geschlagen. Aljechin konnte jetzt nach 30...Dxa8 31.Db3 Da1 32.Db1 Ta8 gewinnen. Doch er wollte etwas Unsterbliches schaffen und zog **30...bxc3!!** Es folgte **31.Txe8 c2! 32.Txf8+ Kh7** Der weiße Turm, der von a1 kam, platzt fast vor Stolz. Er hat die Dame und zwei Türme des Gegners weggeputzt. Doch der bescheidene schwarze Bauer stiehlt ihm die Show. Kasparow verweist darauf, dass Generationen von Schachspielern diese atemberaubende Stellung bewundert haben.

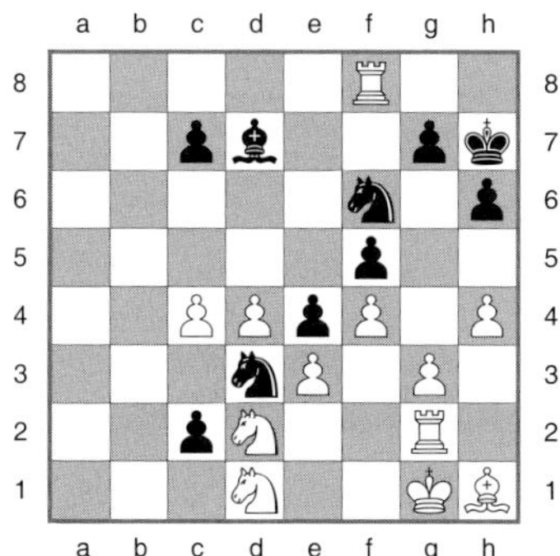

33.Sf2 c1D+ 34.Sf1 Se1! Plötzlich droht 34…Sf3 matt. **35.Th2 Dxc4** Der Angriff hört einfach nicht auf. **36.Tb8** Die einzige Verteidigung. **36...Lb5 37.Txb5 Dxb5 38.g4** Weiß möchte endlich den armseligen Läufer h1 befreien. 38**...Sf3+! 39.Lxf3 exf3 40.gxf5 De2!** Zugzwang! Die weißen Figuren können sich nicht mehr bewegen. Wenn 41.Sh3, dann 41… Sg4!! 42.Txe2 fxe2, und wieder taucht eine Dame auf. Aljechin siegte im 63. Zug. Für Wassili Smyslow war diese grandiose Partie der Triumph des Geistes über die Materie.

Prokeš

1939

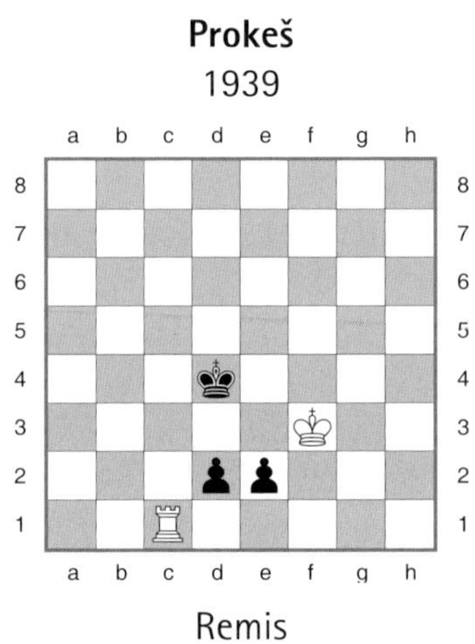

Remis

Die Endspiel-Studie des Prager Schachmeisters Ladislav Prokeš könnte aus einer praktischen Partie stammen. Weiß scheint verloren zu sein, etwa nach 1.Kxe2 dxc1D. Hier kann er aber mit einem Zwischenschach seinen Turm opfern und so den Zug dxc1D ausschalten: **1.Tc4+! Kd3 2.Td4+! Kxd4 3.Kxe2 Kc3 4.Kd1 Kd3** (Zugzwang) patt! Durch den schönen Räumungszug mit dem Turm (Prokeš-Manöver) wurde dem d-Bauern ein potentielles Schlagfeld genommen.

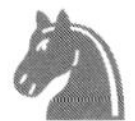

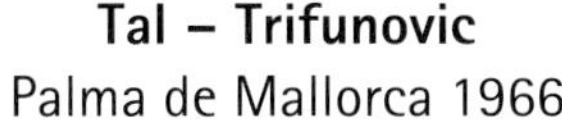

Tal – Trifunovic
Palma de Mallorca 1966

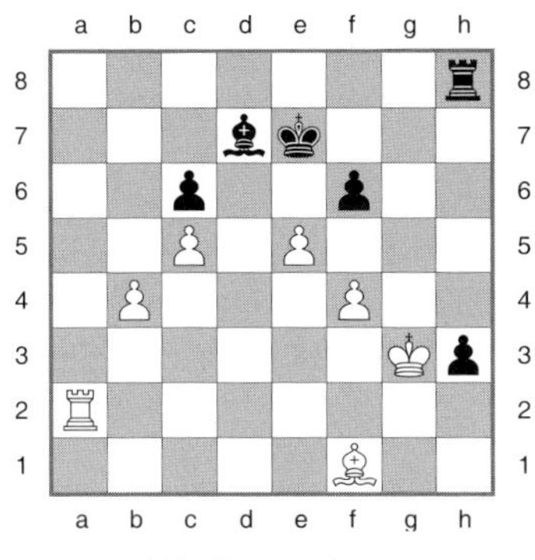

Weiß gewinnt

Ein Lehrstück für großartige Zwischenzüge lieferte der unvergessene Michail Tal gegen den serbischen Großmeister Petar Trifunovic. Weiß steht besser, doch sein Gegner hat ihm mit 44...f6 die Pistole auf die Brust gesetzt. Was soll Tal mit dem e-Bauern tun: ihn tauschen oder tauschen lassen? – Nichts dergleichen, wenn man Schachzauberer genannt wird und siegen will!

45.e6!! Ein großartiger Zwischenzug, dessen Hauptidee der spätere Durchbruch am Damenflügel ist. **45...Lxe6** Etwas mehr Widerstand bot 45...Kxe6, aber nach 46.Lxh3+ f5 bleiben die Schwächen c6 und f5 sowie der weißen Mehrbauer. **46.Ta7+ Ld7 47.Kh2!** Verhindert 47...h2. **47...Th5** Schwarz glaubte, damit b5 zu vereiteln, doch er wird bitter enttäuscht. **48.b5! Txc5 49.Lxh3!** Wieder ein bemerkenswerter Zwischenzug. **49...f5 50.bxc6! Txc6 51.Lxf5 Td6**

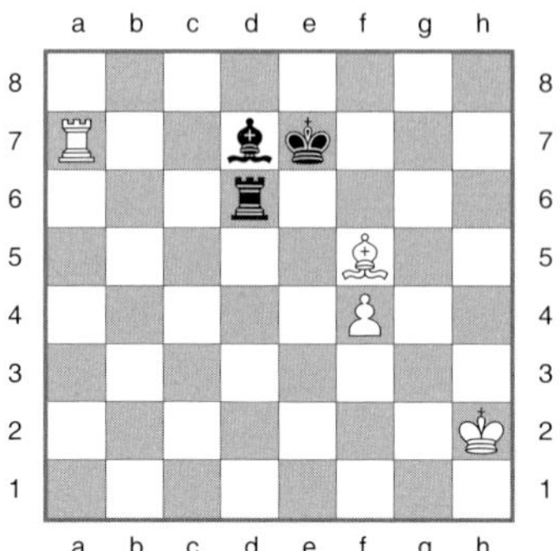

Der Generalabtausch ist nicht zu vermeiden. Weiß führt ihn jedoch nicht sofort aus, weil ihm sonst ein Tempo fehlt. Deshalb ein letzter Zwischenzug. **52.Kg3! Ke8 53.Txd7** Jetzt ist alles klar. **53...Txd7 54.Lxd7+ Kxd7 55.Kg4 Ke6 56.Kg5 Kf7 57.Kf5** 1-0

Schamkowitsch – Visier Segovia

Palma de Mallorca 1966

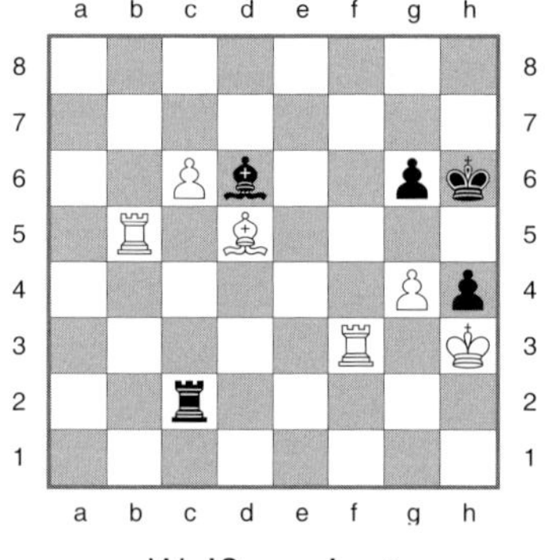

Weiß gewinnt

Im gleichen Turnier parierte der Anziehende mit schönen Zwischenzügen eine Mattdrohung und drehte den Spieß um. Schwarz hatte viel Material geopfert und sich nach 47...Ld6

auf 48...Th2# verlassen. Es folgte **48.g5+! Kh5** (nicht aber 48...Kxg5 49.Le4+ und Turmverlust). Jetzt rechnete der spanische Meister mit der scheinbar forcierten Variante 49.Tf2 Txf2 50.Lg2 Tf5 und Remis. Leonid Schamkowitsch packte jedoch den raffinierten Zug **49.Tg3!!** aus, der das Matt abwehrt und selbst Matt durch 50.Lf3 droht. 1-0. Stiller Teilhaber in diesem lehrreichen Endspiel war der Turm b5.

Gheorghiu – Stein

Mar del Plata 1965

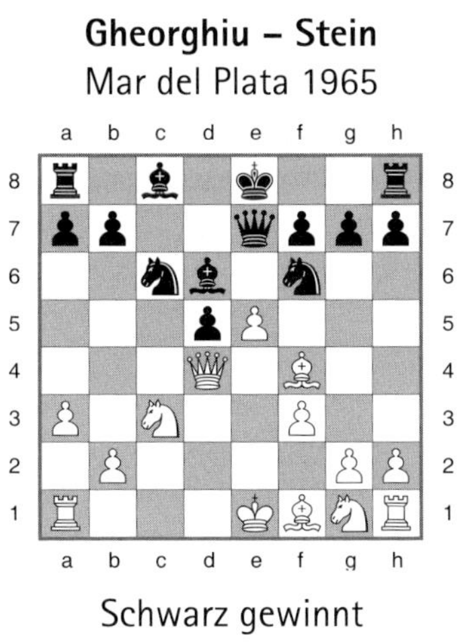

Schwarz gewinnt

11.Lb5 0-0! 12.Lxc6 Erzwungen, weil Dame und Bauer e5 bedroht sind. **12...Lc5!!** Der kluge Zwischenzug durchkreuzt alle Angriffspläne von Weiß. Stein schlägt nicht zurück, sondern stellt eine Gegendrohung auf, die so stark ist, dass Gheorghiu seinen Materialvorteil nicht behaupten kann. Damit nicht genug. Schwarz rettet durch das schöne Manöver seine Figur und erhält durch die Preisgabe eines Bauern auch noch gefährliche Initiative. **13.Sxd5 Sxd5 14.Dxd5 Td8 15.De4 bxc6 16.Se2 La6 17.Le3 Td5 18.f4 Tad8 19.Lxc5 Dxc5 20.b4 Db6 21.Tf1 Td2!** 0-1

Tal – Aaron
Leipzig 1960

Der Inder Manuel Aaron sorgte bei der 14. Schacholympiade nicht nur mit einem Sieg über Exweltmeister Max Euwe für Aufsehen. Auch seine Rettungstat gegen Michail Tal in einem Blitzturnier gereicht ihm zur Ehre.

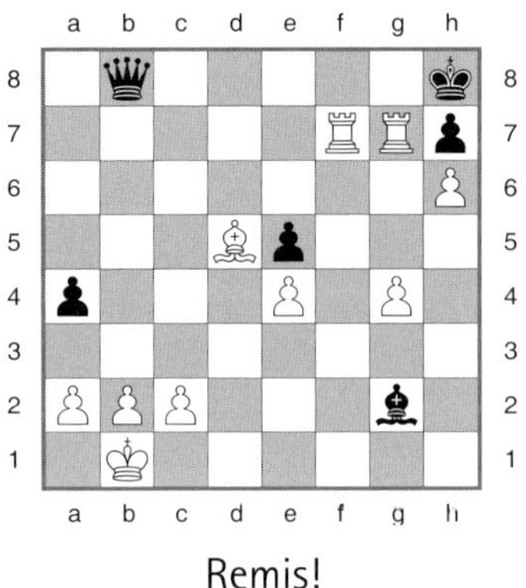

Remis!

In der obigen Stellung hat der Weltmeister, wie es scheint, unparierbare Drohungen aufgestellt. Die Zuschauermenge in Leipzig erwartete nun die höfliche Kapitulation des Inders. Stattdessen geschah **1...Lxe4!! 2.Lxe4 Dxb2+!! 3.Kxb2 a3+!** Remis! Egal, ob Weiß schlägt oder nicht: Schwarz ist patt! Tal lächelte, und die Kiebitze waren begeistert. Sie staunten über Aarons wunderbare Rettung im Blitztempo. Dabei war alles nur ein Bluff, wenn auch ein sehr gelungener! Hätte Tal auf 1...Lxe4 mit dem feinen Zwischenzug 2.Ta7! geantwortet, wäre die Seifenblase geplatzt. Aber so etwas in einem Blitzturnier zu finden, ist selbst für einen Champion schwer. Weil er das wichtige Zwischenmanöver unterließ, war der Schachzauberer hier der Leidtragende.

Regeln und Ausnahmen

Die unerbittlichsten Regeln im Schach sind die Ausnahmen.

SAVIELLY TARTAKOWER

Schach wird nach strengen Regeln gespielt. Der Geistessport basiert, wie es scheint, fest auf den Gesetzen der Logik. Dennoch gibt es mitunter absurde Situationen, die alles andere als rational erscheinen. Das trifft vor allem auf Endspiele zu. Der russische Studienkomponist Alexej Troizki glänzte mit Aufgaben, die paradox anmutende Lösungen erforderten. In vielen seiner Probleme wird der Grundsatz „keine Regel ohne Ausnahme“ bestätigt.

Troizki
1896

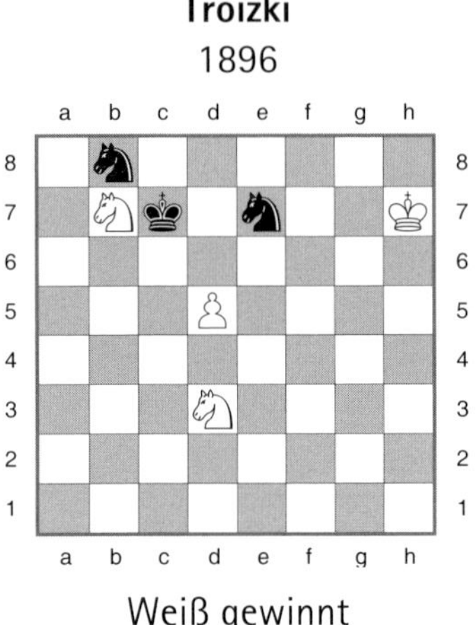

Weiß gewinnt

Zwei Springer können eigentlich nicht matt setzen, aber in bestimmten Fällen schon: **1.d6+! Kd7 2.Sdc5+ Ke8 3.d7+ Sxd7 4.Sd6+ Kd8** (oder 4...Kf8 5.Se6#) **5.Se6** matt.

Troizki
1896

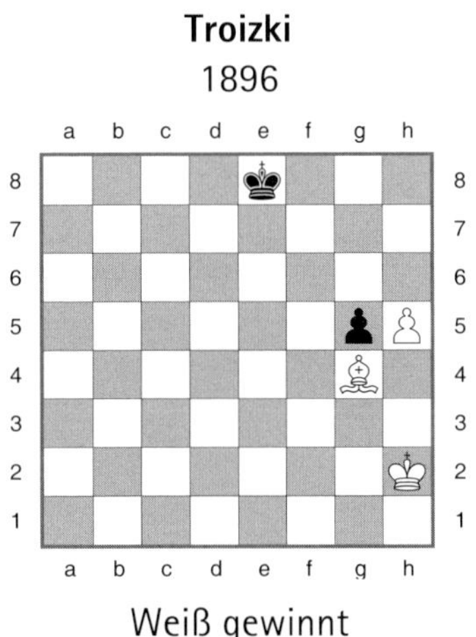

Weiß gewinnt

Hat der Läufer die falsche Farbe, dann ist der feindliche König in der Ecke sicher, und die schwächere Partei hält remis. In der Regel ist es so, aber manchmal auch nicht. **1.Le6! Ke7! 2.h6 Kf6 3.Lf5! Kf7 4.Lh7 Kf6 5.Kg3 Kf7 6.Kg4 Kf6 7.Kh5! Kf7 8.Kxg5** 1-0. Störfaktor war der eigene Bauer von Schwarz.

Troizki

1895

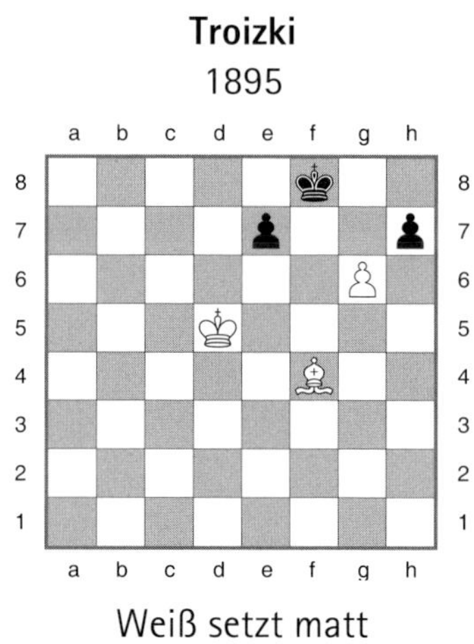

Weiß setzt matt

Aller guten Troizki-Dinge sind drei. In dieser berühmten Aufgabe des St. Petersburger Autors setzt ein einziger Läufer matt. Das erscheint so schwer, wie einen Pudding an die Wand zu nageln. Doch sehen Sie, es geht tatsächlich: **1.Lh6+ Kg8 2.g7 Kf7 3.g8D+!! Kxg8 4.Ke6 Kh8 5.Kf7 e5 6.Lg7** matt. Auch in den Nebenvarianten siegt Weiß: 2...e5 3.Ke6 e4 4.Kf6 e3 5.Lxe3; 2...e6+ 3.Kd6 Kf7 4.Ke5 Kg8 5.Kf6. Einfach grandios!

von Guretzki Cornitz – Neumann

Berlin 1863

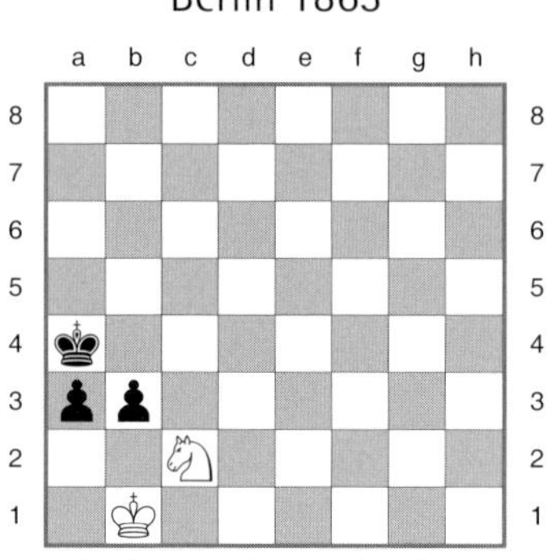

Schwarz am Zug gewinnt

Wenn ein Bauer promoviert, wird er in aller Regel zur Dame. Aber nicht immer, bisweilen begnügt sich der Bauernführer mit einer Unterverwandlung. Das kommt in praktischen Partien selten vor, ist jedoch in manchen Fällen der leichteste Gewinnweg. Hier erweist sich die Unterverwandlung sogar als notwendig, soll der ganze Punkt erzielt werden. Schwarz gewann durch **1...a2+ 2.Kb2 bxc2 3.Kxa2 c1T!** 0-1. Eine innere Stimme rief: „Hände weg von der Dame – Pattgefahr!"

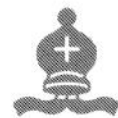

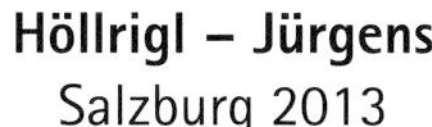

Höllrigl – Jürgens

Salzburg 2013

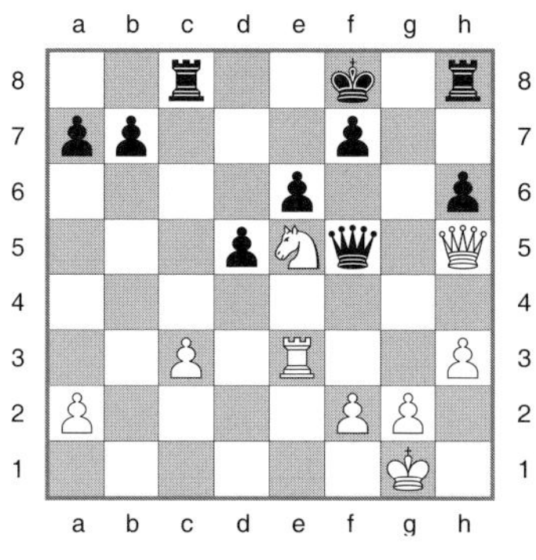

Weiß gewinnt

Schachfreund Jürgens bot hier den Damentausch an, denn er besitzt die Qualität und einen Bauern mehr. Die Seite mit weniger Material sollte das Spiel möglichst nicht vereinfachen, so die Regel. Weiß machte jedoch gern eine Ausnahme, seine aktive Stellung verlangte einfach danach: **1.Dxf5! exf5 2.Sd7+** 1-0. Der muntere Springer erweist sich als Killer: 2... Kg7 3.Tg3+ Kh7 4.Sf6 matt.

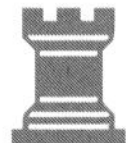

Epauletten-Matt

Um sich vor der Gefahr einer Erkältung
zu schützen, sorge der wanderlustige König
beizeiten für ein brauchbares Versteck.

AARON NIMZOWITSCH

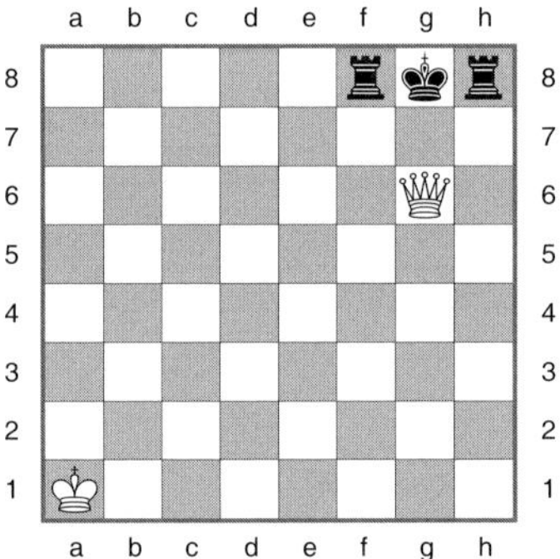

Der Begriff „Epauletten-Matt“ gehört zum Abc des Schachs. Er bezeichnet ein Mattbild wie auf dem Diagramm. Hier sind die Türme Epauletten (Schulterstücke) des Königs. Die Dame allein vollzieht das Matt.

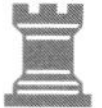

Morphy – Worrall
New Orleans 1857

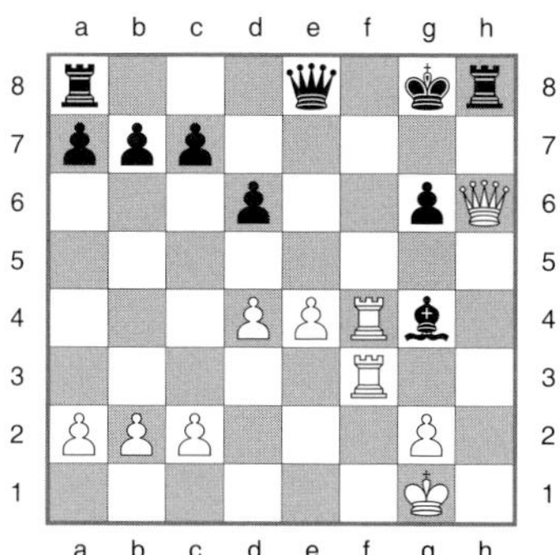

Für den genialen Paul Morphy war das Herbeizaubern einer solchen Schluss-Stellung kein Problem, wie er einst beim Simultan in seiner Heimatstadt zeigte. **20.Tf8+ Dxf8 21.Txf8+ Txf8 22.Dxg6** matt.

Neumann – Mayet
Berlin 1866

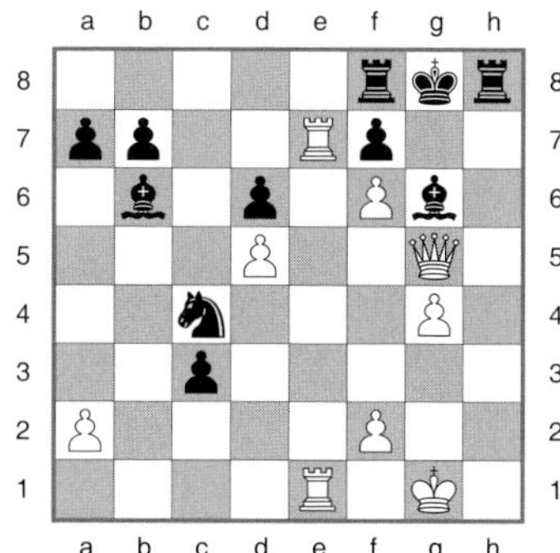

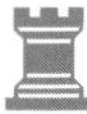

In dieser Partie verpasste Gustav Richard Neumann dem bekannten Berliner Schachmeister Carl Mayet ein Epauletten-Matt mit dem Turm: **30.Dxg6+ fxg6 31.Tg7#**. Die gleiche Figur vollstreckt auch im nächsten Beispiel aus der heutigen Zeit das Todesurteil.

Nowitzki – Kasparow

Minsk 2001

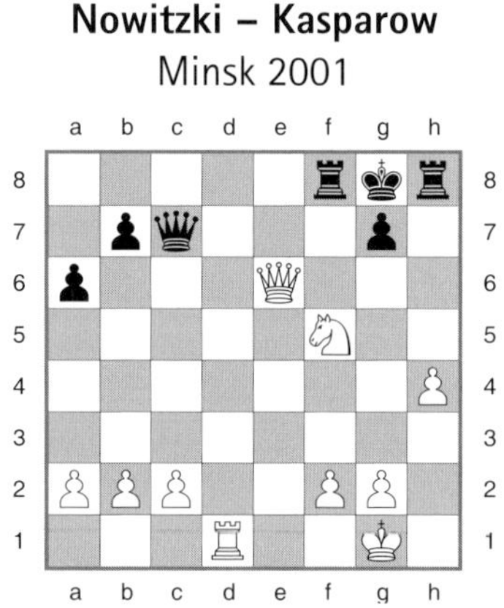

„Nowitzki schlägt Kasparow im Schach!" wäre eine dicke Schlagzeile. Aber hier handelt es sich weder um den deutschen Basketballstar, noch um den berühmten Schachkönig. Dessen Namensvetter Sergej Kasparow deckte das Schach mit **32...Df7**, aber zog es nach **33.Td7!** vor, die Uhr abzustellen. 1-0. Wenn 33...Dxe6, so erwidert Dmitri Nowitzki 34.Tg7 matt.

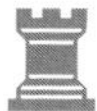

Carlsen – Ernst
Wijk aan Zee 2004

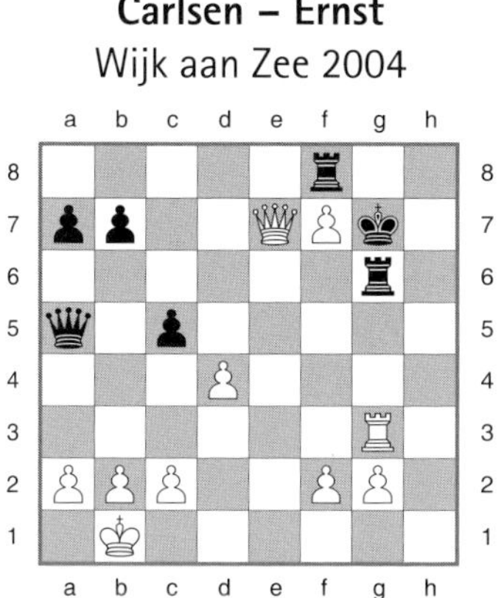

Diese spannende Partie entschied über den Turniersieg in der Nachwuchs-Gruppe. Magnus Carlsen hatte im Spielverlauf viel Material geopfert und musste sich jetzt zwischen 27.Txg6+ Kxg6 28.Dd6+ Kxf7 29.Df4+ und Remis durch Dauerschach oder einer anderen Variante entscheiden. Er fand die bessere Lösung **27.De5+! Kxf7 28.Df5+ Tf6 29.Dd7** matt!

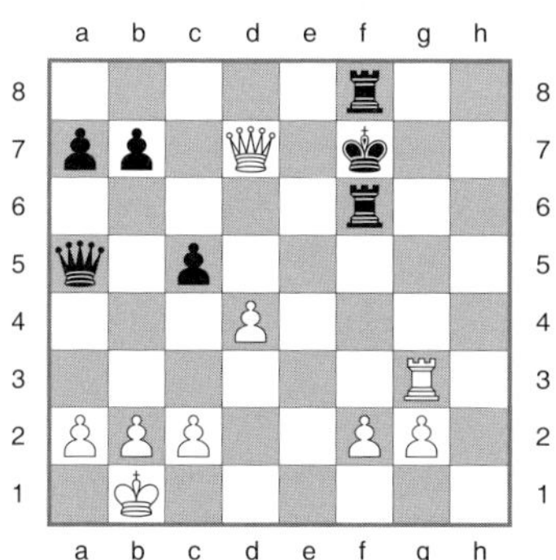

Die seitlichen Schulterstücke sind ein seltenes Bild. Überhaupt kommt das Epauletten-Matt in Turnieren von diesem Rang nicht sehr oft vor. Bei Carlsen aber liegt so etwas immer in der Luft...

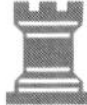

Carlsen – Gretarsson
Rethymnon 2003

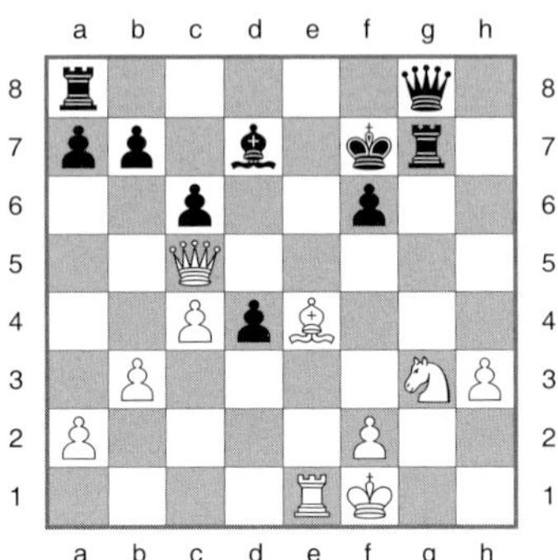

Zum Europacup auf Kreta saß der König von Helgi Gretarsson auf einem Vulkan. Nach 31...Kf7? zauberte das Wunderkind **32.Lg6+!!** aufs Brett, worauf Schwarz kapitulierte. (32...Kxg6 33.Dh5#; 32...Txg6 33.De7# mit Schulterstücken.)

Van Wely – Morosewitsch
Wijk aan Zee 2001

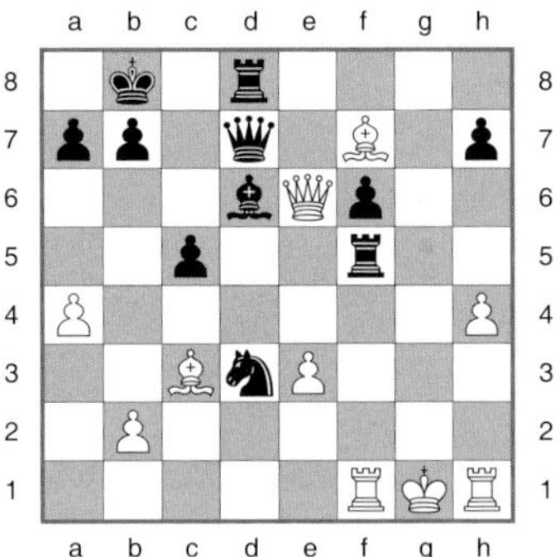

Auch Weiß kann so ein Matt erhalten. Mit 21.Tf1?? hatte Loek van Wely keine gute Idee. **21...Tg8+** (22.Lxg8 Dg7#.) 0-1

Züge des Jahres

Alles was am Schachbrett
zählt, sind gute Züge.

BOBBY FISCHER

In den Monaten, als dieses Buch entstand, erwiesen sich viele Schachturniere wieder als eine wahre Fundgrube für schöne und überraschende Züge. Natürlich gab es auch sehenswerte Fehlgriffe. Die Sieger freuten sich, die Verlierer durften sich mit dem Goethe-Wort trösten: „Es irrt der Mensch, solang er strebt!"

Rombaldoni – Krasenkow

Stockholm 2013

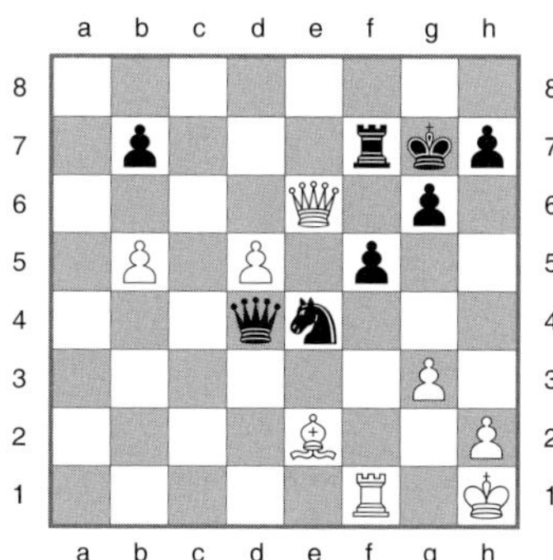

Schwarz gewinnt

Der Rilton Cup ist das berühmteste internationale Schachturnier in Schweden. Seit vielen Jahren lockt dieser attraktive Wettbewerb Spieler aus aller Welt nach Stockholm. 2013 gewann Michal Krasenkow. Der Großmeister aus Polen entschied seine Partie gegen den Italiener Axel Rombaldoni mit dem schönen Zug **32...Sg5!** 0-1. Die weiße Dame muss flüchten, und nach 33.Dd6 De4+ 34.Lf3 Sxf3 oder 33.Dc8 Dxd5+ 34.Lf3 Sxf3 erbeutet Schwarz Material. Spielt Weiß auf das Schachgebot 34.Kg1, wird er durch 34...Sh3 mattgesetzt.

Hou Yifan – Anand

Wijk aan Zee 1913

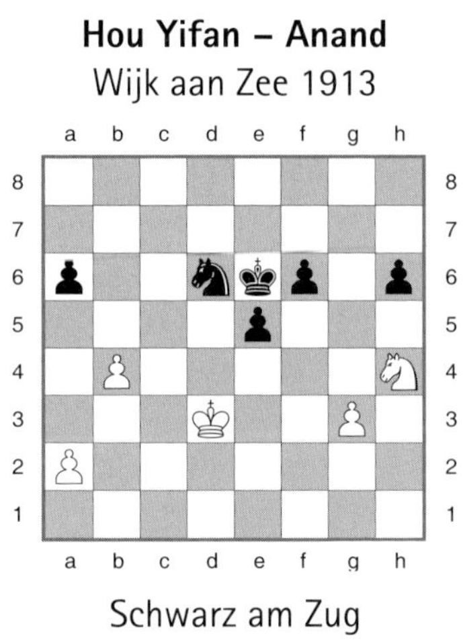

Schwarz am Zug

Auch Weltmeister sind nur Menschen. In dieser Partie aus dem Traditionsturnier in Holland traf Viswanathan Anand in aussichtsreicher Stellung mit **42...Sf5?** die falsche Entscheidung. Nach 42....h5! 43.a4 Kd5 hätte er gewonnen. Anand ließ jedoch den Springertausch zu, wonach die Exweltmeisterin das Bauernendspiel ohne große Probleme verteidigen konnte. **43.Sxf5 Kxf5 44.a4 Ke6 45.g4!** Dieser Zug war ganz wichtig, der g-Bauer stoppt nun zwei schwarze Kollegen.

45…Kd5 46.Kc3 Ke4 47.Kc2 Kd4 48.Kb3 e4 49.b5 axb5 50.axb5 e3 51.Kc2 Ke4 52.Kd1 Kd5 Remis.

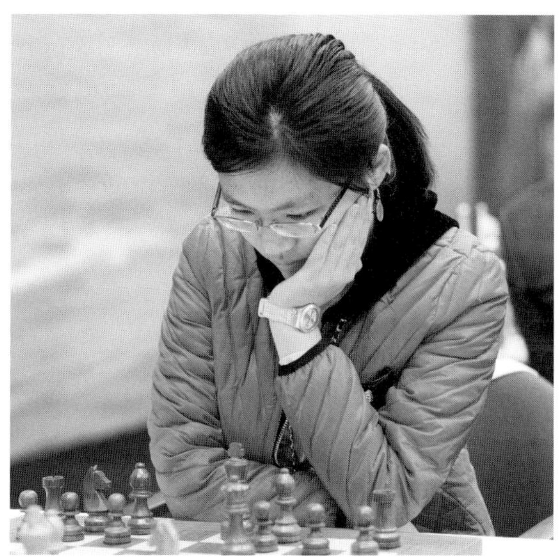

Hou Yifan

Edouard – Dubow

Wijk aan Zee 2013

	a	b	c	d	e	f	g	h	
8				♚					8
7			♜			♖	♝		7
6				♟			♙		6
5					♟		♟	♙	5
4		♟			♙				4
3		♗							3
2	♙		♙		♔				2
1									1
	a	b	c	d	e	f	g	h	

Weiß gewinnt

Eine Stellung aus dem B-Turnier in der De Moriaan Halle. Gern gab der französische Großmeister Romain Edouard hier die Qualität. **55.Txg7! Txg7 56.Lf7 Txf7 57.h6!** 1-0. Ein solches Freibauernpaar ist nicht aufzuhalten.

Kovchan – Bitensky

Wijk aan Zee 2013

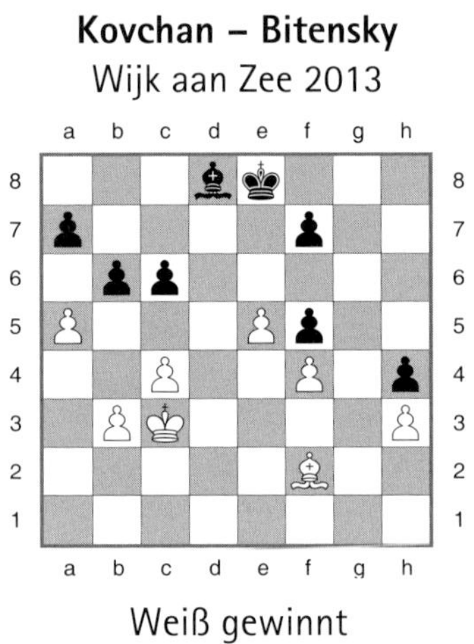

Weiß gewinnt

In der C-Gruppe des Schachfestivals passierten ebenfalls erstaunliche Dinge. **47.Lxb6!!** Ein äußerst cleverer Zug, der zu einem vorteilhaften Bauernendspiel führt. **47...Lxb6** Auf 47...axb6?? folgt 48.a6, und der Bauer läuft durch. **48.axb6 axb6 49.c5! b5** Oder 49...bxc5 50.Kc4 Kd7 51.Kxc5 Kc7 52.b4 mit weißem Gewinn. **50.Kb4 Kd7 51.Ka5 Ke6 52.Kb6 Kd5 53.b4** Jetzt kann Schwarz die Partie nicht mehr halten. **53...Ke4 54.Kxc6 Kxf4 55.Kd5 Kg3 56.c6 f4 57.c7 f3 58.c8D f2 59.Dg4+ Kh2 60.Df3 Kg1 61.Dxf7 Kh1** Der König will ins Patt, aber Weiß schlägt den Bauern f2 nicht. **62.e6** 1-0

Georgiew – Yu Yangyi

Gibraltar 2013

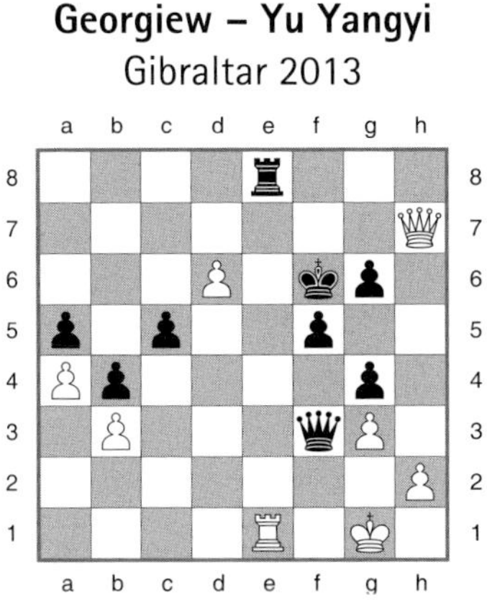

Weiß gewinnt

Beim Gibraltar Masters setzte der Bulgare Kiril Georgiew nicht nur auf seinen starken Freibauern. Mit dem schlauen Manöver **43.De7+! Txe7 44.dxe7** bewies er auch die nötige Umsicht. 1-0. Nach 43.Txe8? Dd1+ 44.Kf2 Df3+ 45.Ke1 Dc3+ 46.Ke2 Df3+ hätte sich sein chinesischer Gegner ins Dauerschach gerettet. – Was tat der junge Mann aus Asien hinterher, um auf andere Gedanken zu kommen? Er besuchte die Affen am berühmten Felsen von Gibraltar.

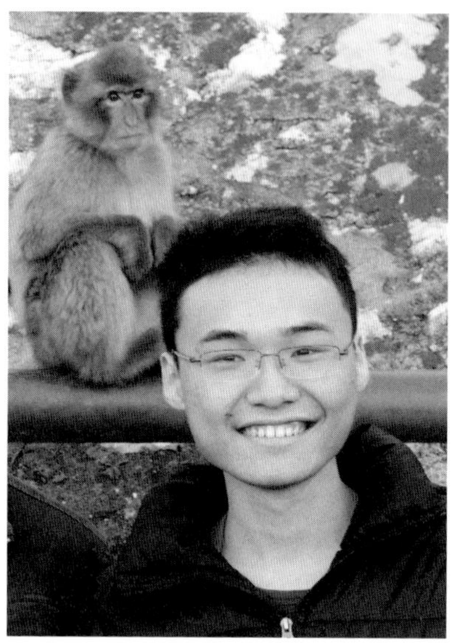

Yu Yangyi ganz entspannt.

Kjartansson – Ibarra
Gibraltar 2013

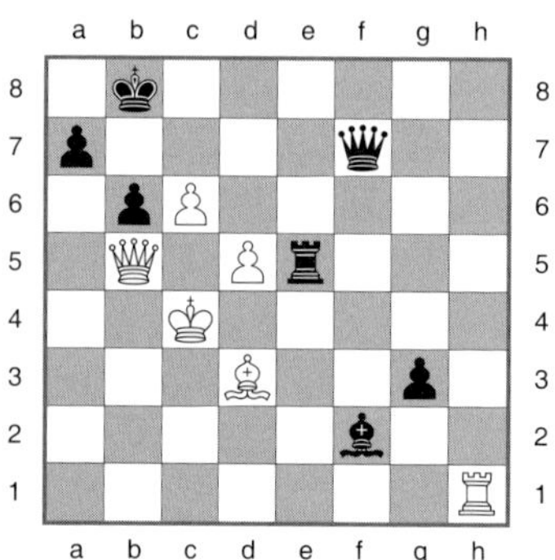

Schwarz gewinnt

Weiß droht Th8+, wonach der Sieg greifbar nahe ist. Der Isländer war jedoch nicht am Zug. Deshalb entschied sein spa-

nischer Gegner mit **42...Txd5!** den Kampf zu seinen Gunsten. Die Pointe: Nach 43.Dxd5 b5+! geht die weiße Dame verloren. Es folgte **43.Th8+ Td8+ 44.Kb4 Lc5+** 0-1

Ovod – Barajewa
Moskau 2013

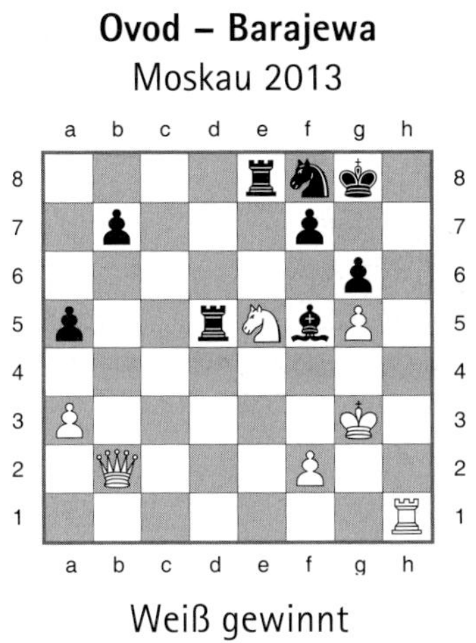

Weiß gewinnt

Im Moskauer Open glänzte die Russin Jewgenija Ovod gegen ihre Landsfrau Irina Barajewa mit dem spektakulären Finalzug. **34.Th8+!** 1-0. Dame und Springer der Weiß-Spielerin können jetzt ein delikates Matt aufs Brett zaubern: 34... Kxh8 35.Sxg6+ Kh7 36.Dh8+ Kxg6 37.Dh6#.

Jones – Isaksson

Reykjavik 2013

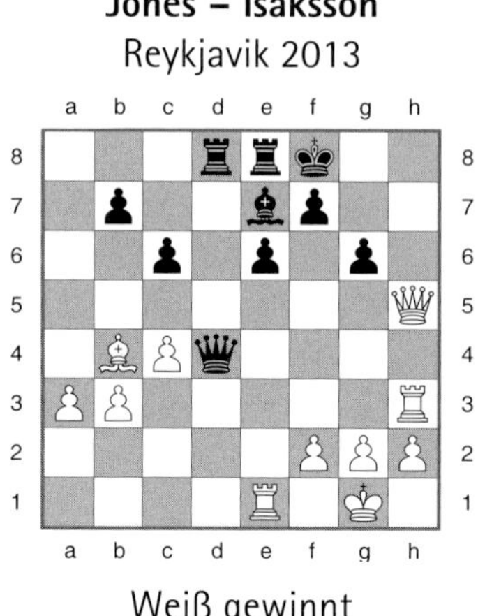

Weiß gewinnt

Das Feld h8 spielte auch in dieser Partie aus dem Reykjavik Open eine Schlüsselrolle. Der englische Großmeister Gawain Jones zwang den Schweden Per Isaksson mit der feinen Kombination **28.Dh6+! Dg7 29.Lxe7+ Txe7 30.Dh8+! Dg8 31.Df6** zur Aufgabe.

Bekker Jensen – Williams

Reykjavik 2013

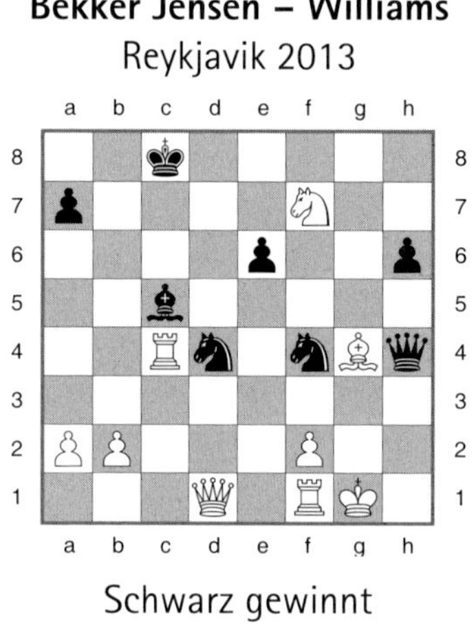

Schwarz gewinnt

Nach einem wilden Handgemenge zog der Engländer Simon Williams **26...Sde2+!** und demaskierte damit seinen Läufer. 0-1. Der dänische Namensvetter Simon Bekker Jensen kapitulierte, weil die feindliche Dame nun leichtes Spiel hat: 27.Lxe2 Dg3+ und 28...Dg2 matt.

Iordachescu – Schut

Baden-Baden 2013

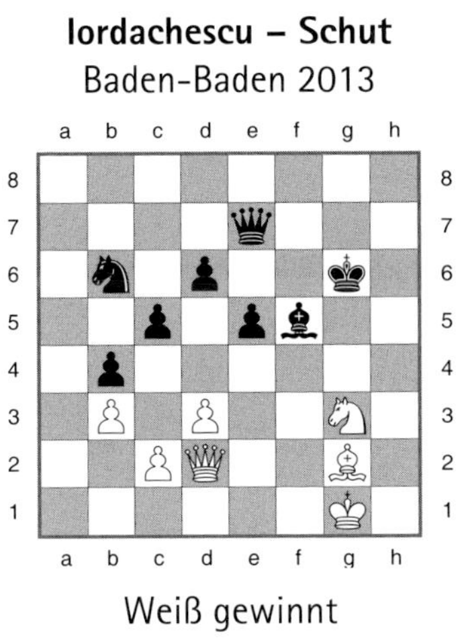

Weiß gewinnt

Gerade wurde auf f5 ein Springerpaar getauscht. Die Holländerin Lisa Schut hätte besser ihren wichtigen Springer auf d4 lassen sollen. Nun erlebt sie eine böse Überraschung: **38.Dh6+!** 1-0. Nach dem Scheinopfer der Dame und den Zügen 38...Kxh6 39.Sxf5+ Kg5 40.Sxe7 Kf4 41.Kf2 behält der für Moldawien spielende Großmeister Viorel Iordachescu ein Figur mehr.

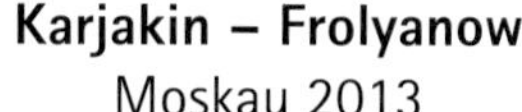

Karjakin – Frolyanow

Moskau 2013

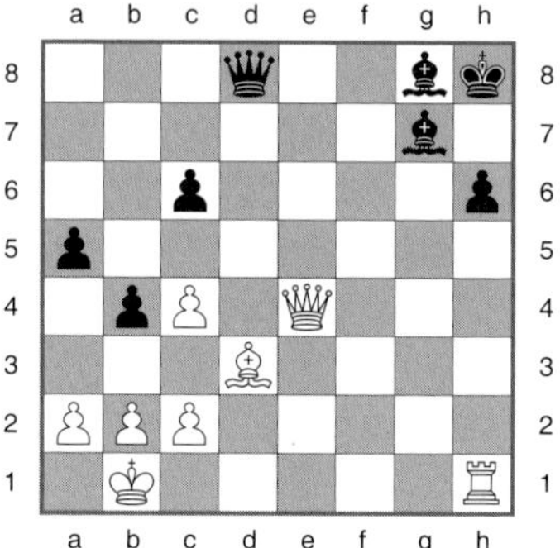

Weiß gewinnt

Beim Aeroflot Turnier nutzte Supergroßmeister Sergej Karjakin die Geometrie des Bretts zu einem durchschlagenden Angriff: **34.Txh6+! Lxh6 35.De5+** 1-0. Auf 35...Lg7 droht 36.Dh5+ und Matt in zwei Zügen. Im Finale bezwang der Wahl-Moskauer dann seinen Kollegen Alexander Grischuk.

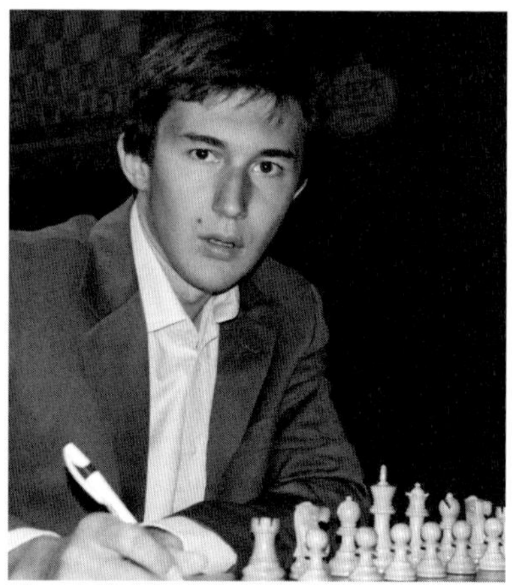

Sergej Karjakin

Azarow – Wirig
Cappelle la Grande 2013

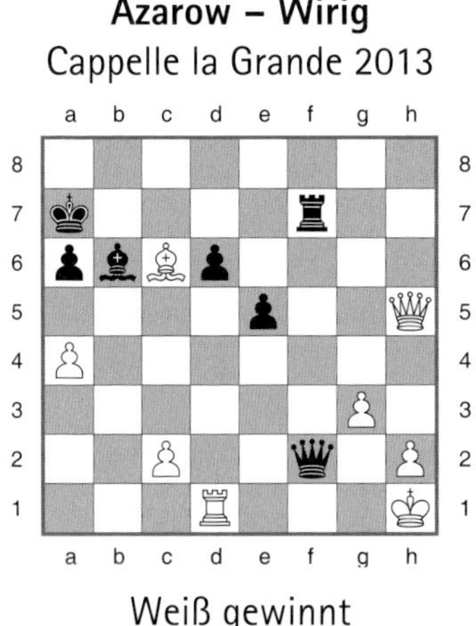

Weiß gewinnt

Der schwarze König wähnt sich am Damenflügel in Sicherheit, doch mit einem kurzen Schritt seines Läufers bringt Sergej Azarow ihn in große Not. **35.Ld5! Te7 36.Dh8!** Nun arbeitet die weiße Streitmacht mit höchster Effektivität. **36...Lc7 37.Da8+ Kb6 38.Tb1+** 1-0

Janssen – Kotainy
Bundesliga 2013

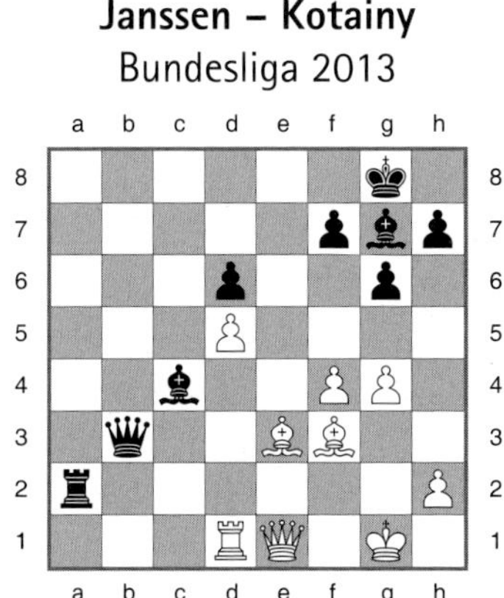

Schwarz gewinnt

Jens Kotainy setzte mit einem schönen Sperrzug den Schlusspunkt: **30...Le2!** 0-1. Der Niederländer Ruud Janssen gab auf wegen 31.Lxe2 Dxe3+ 32.Df2 Dxe2 (oder 32.Kf1 Ta4-+).

Zwanzger – Meyer

Bundesliga 2013

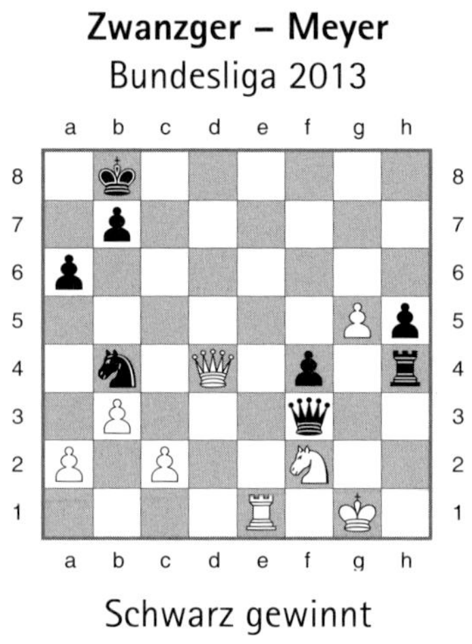

Schwarz gewinnt

Mit 43.Dd6+ bzw. 43.Dd8+ und Dauerschach wäre Weiß das Remis sicher gewesen.

Dr. Johannes Zwanzger zog aber 43.Te1? (siehe Diagramm), womit er die eigene Deckung sträflich vernachlässigte und in einen eleganten Konter des FIDE-Meisters Falko Meyer lief: **43...Tg4+! 44.Sxg4 Dxg4+ 45.Kf1 Dh3+ 46.Kg1 Dg3+ 47.Kf1 Dxe1+** 0-1. Nach 48.Kxe1 Sxc2+ und 49...Sxd4 hat Weiß eine Figur weniger.

Anand – Kramnik

Zürich 2013

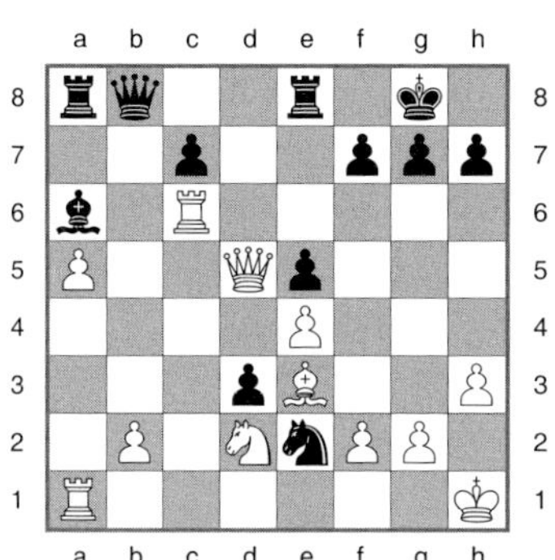

Weiß gewinnt

Mit 21...Db8?? unterlief Wladimir Kramnik ein kapitaler Fehler, den Weltmeister Anand sogleich zum Gewinn einer Figur nutzte: **22.Txa6! Txa6 23.Dxd3 Dxb2 24.Tb1 Td6 25.Dxe2 Da2 26.Db5 c6 27.Db2** 1-0

Dutina – Martinovic

Zagreb Open 2013

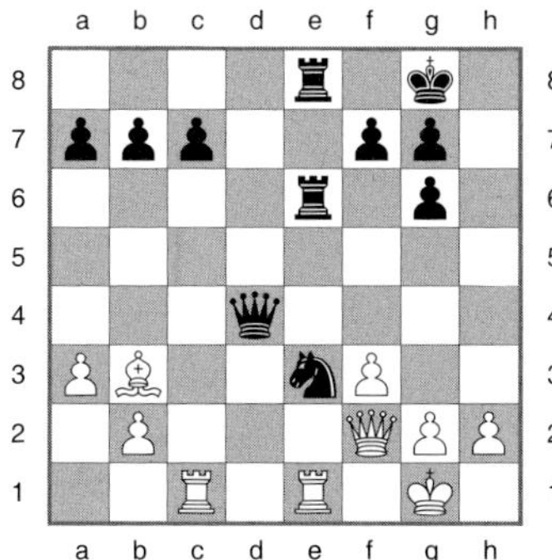

Schwarz gewinnt

Nach dem feinen Springerzug **24...Sg4!** hat Weiß keine Verteidigung mehr. 0-1. Zwei schwarze Figuren hängen, aber dafür kann Sasa Martinovic seinen kroatischen Landsmann Dario Dutina mattsetzen: 25.Dxd4 Txe1+ 26.Txe1 Txe1# oder 25.fxg4 Txe1+ usw.

Gunina – Dzagnidze

Astana 2013

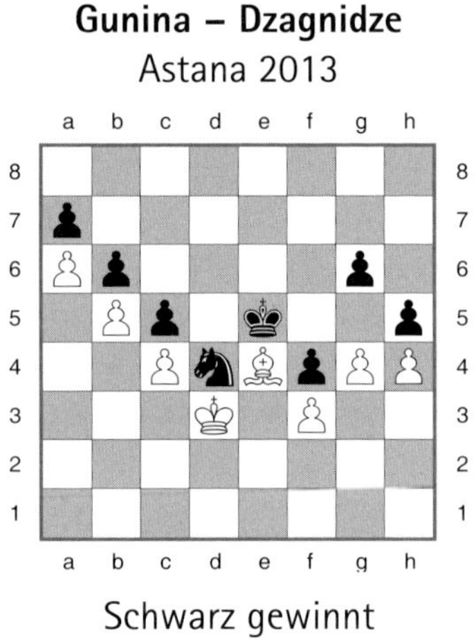

Schwarz gewinnt

Zur Team-WM der Damen entschied die Georgierin Nana Dzagnidze ihre Partie gegen die Russin Valentina Gunina mit dem energischen Durchbruch **59...g5!** Jetzt entsteht in jedem Fall ein Freibauer auf der h-Line. Es folgte: **60.gxh5 gxh4 61.h6 Kf6 62.Lb7 h3** 0-1

Karavade – Gunina

Astana 2013

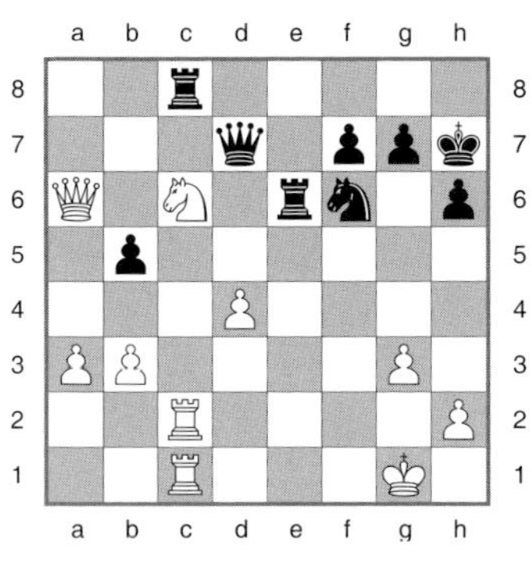

Schwarz gewinnt

In diesem Spiel mit der Inderin Eesha Karavade hatte Valentina Gunina mehr Grund zur Freude. Ein Turmopfer läutete das Finale ein: **33...Tcxc6! 34.Txc6 Dxd4+ 35.Kh1 Te2** 0-1. Oder 35.Kf1 Sg4 36.T1c2 Dd1+ 37.Kg2 Se3+ und Matt im nächsten Zug.

Ringoir – Rijnaarts

Amsterdam 2013

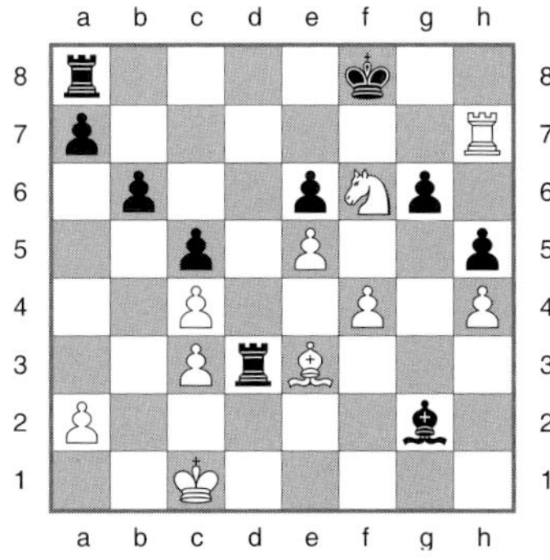

Weiß gewinnt

Der Belgier Tanguy Ringoir hat eine Qualität weniger, und sein Läufer ist angegriffen. Na und? Er lässt die Figur stehen und zieht **25.f5!** 1-0. Es droht 26.Lh6 matt. Wird der Läufer geschlagen, folgt 26.fxe6. Danach besorgt der weiße Turm auf f7 die Exekution des feindlichen Königs.

Swetuschkin – Bacrot

Nancy 2013

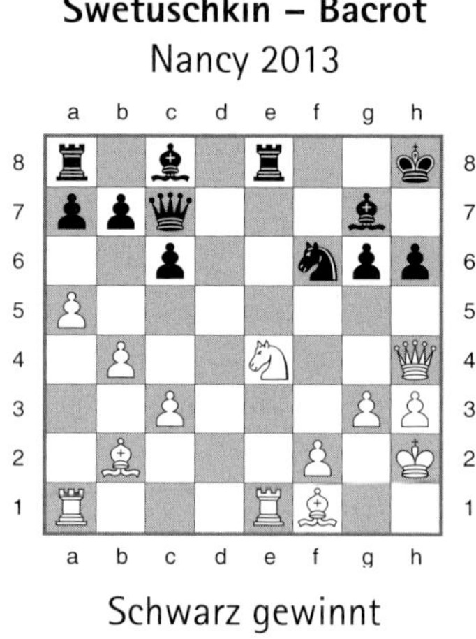

Schwarz gewinnt

Hier schickte Etienne Bacrot mit Erfolg einen Turm in die Schlacht: **28...Txe4!** 0-1. Nach 29.Txe4 g5 behält der Franzose eine Figur übrig, weil Weiß seine Dame retten muss, zum Beispiel 30.Te8+ Sxe8 31.Dh5 Le6.

Wagner – Berger
Hamburg 2013

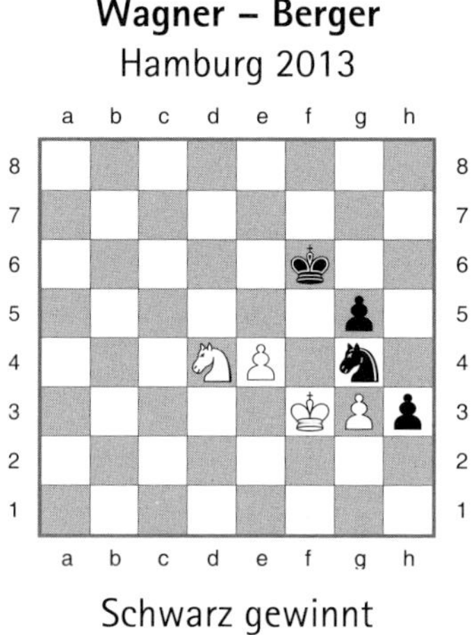

Schwarz gewinnt

In dieser Partie wird der Springer von Steve Berger zum Helden. **56...Se3!** Mit seinem Opfer nimmt er dem weißen König das Feld g2, wonach der h-Bauer promovieren kann. **57.e5+** Ein Racheschach als letzter Trick. **57...Kg6!** Nicht jedoch 57...Kxe5? 58.Kxe3 h2 59.Sf3+. **58.Kxe3 h2** 0-1

Piorun – Khenkin
Bundesliga 2013

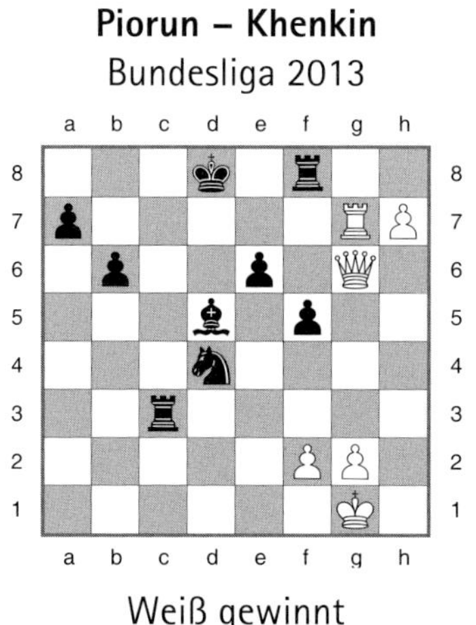

Weiß gewinnt

Der polnische Großmeister Kacper Piorun hat bereits große Teile seiner Armee geopfert, jetzt gibt er noch die Dame: **35.Df6+!** 1-0. Ein stilvolles Finale, denn: 35...Txf6 36.h8D+ und Matt im nächsten Zug.

Liem – Zhou
Ho Chi Minh Stadt 2013

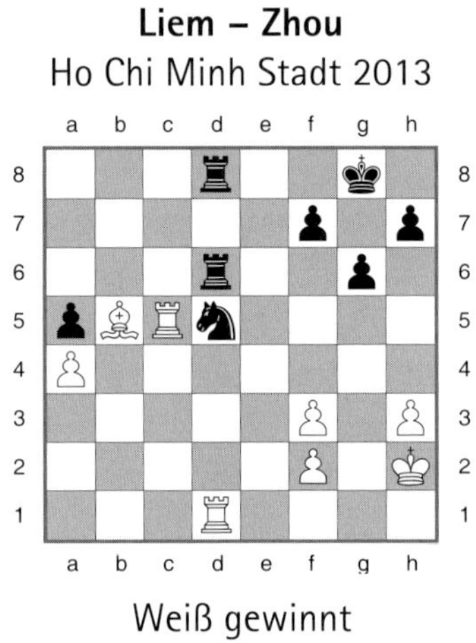

Weiß gewinnt

Le Quang Liem zeigte hier schöne Fesselmotive. **36.Tc6! T6d7** (36...Te6 37.Tc2!? Te5 38.Tcd2 Kg7 39.Lc4 Sb6 40.Txd8 Sxc4 41.T8d4+-.) **37.Tc2** 1-0

Grischuk – Kramnik
London 2013

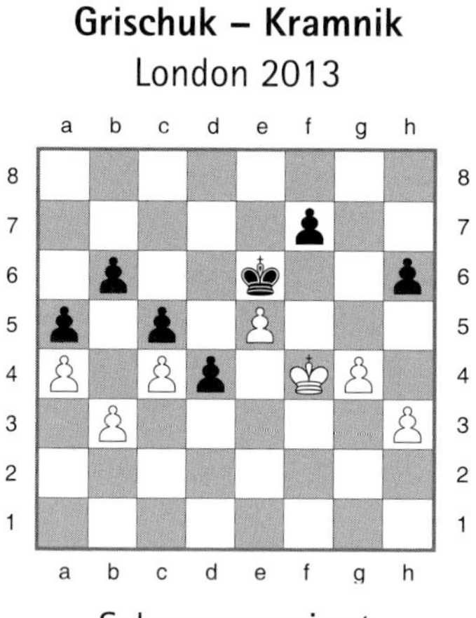

Schwarz gewinnt

Im WM-Kandidatenturnier ließ sich Alexander Grischuk auf ein Bauernendspiel ein, das Wladimir Kramnik mit dem Zug **35...d3!** sicher nach Hause brachte. (Nicht 35...f6? 36.exf6 Kxf6 37.h4 und Remis.) **36.Ke3 Kxe5 37.Kxd3 Kf4 38.Ke2 Kg3 39.Ke3 Kxh3 40.Kf4 Kh4 41.Kf5 Kg3** 0-1

Aronjan – Radjabow
London 2013

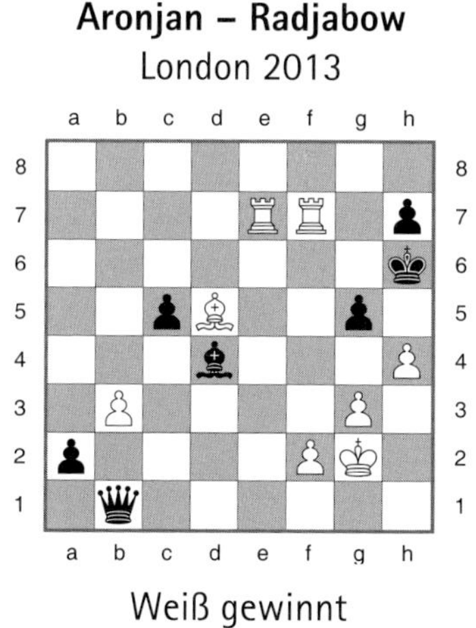

Weiß gewinnt

Die Schlussrunde des gleichen Turniers wurde am 1. April gespielt, aber das Ende dieser Partie war alles andere als ein Scherz. Schwarz hätte sich eine zweite Dame holen können, doch Levon Aronjan zwang seinen Gegner mit **35.Le4!** zur Kapitulation. Teimur Radjabow hielt die Uhr an, er wird nach dem Läuferzug matt: 35…Dxe4+ 36.Txe4 a1D 37.Te6+ Kh5 38.g4+! Kxg4 39.f3+ Kh5 40.Txh7#. Moral von der Geschichte: Zwei Frauen sind mitunter eine zu viel.

Palo – Pedersen

Helsingør 2013

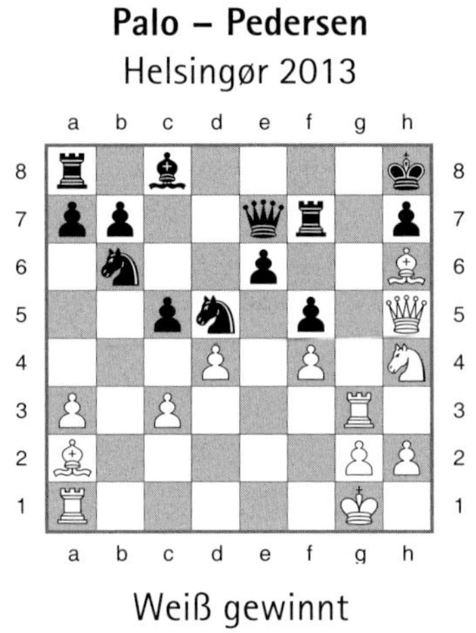

Weiß gewinnt

In der dänischen Landemeisterschaft bahnte Davor Palo seiner Dame mit zwei entschlossenen Figurenopfern den Weg zum feindlichen König: **21.Sg6+! hxg6 22.Lg7+!** 1-0

Gagarin – Etxagibel Larranaga

San Sebastian Open 2013

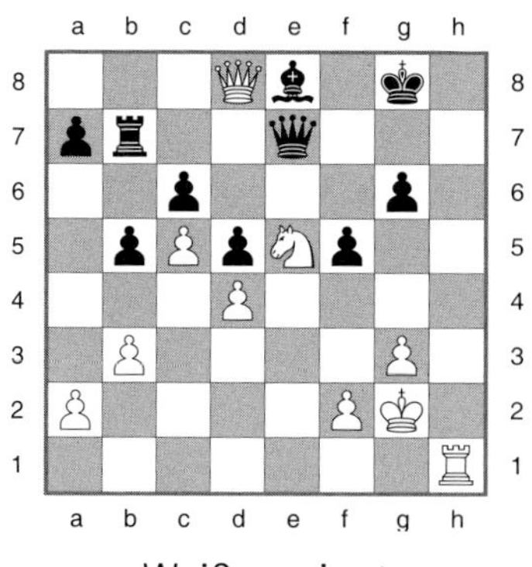

Weiß gewinnt

Wassili Gagarin zog einfach **38.Th8+!** und kassierte den Punkt. Sein spanischer Gegner wollte das bekannte Lied von der Springergabel nicht hören. Nach 38...Kxh8 39.Sxg6+ Kg7 40.Sxe7 ist er seine Dame los, und 38...Kg7 39.Txe8 kostet den Läufer.

Zendoia – Silva

San Sebastian Open 2013

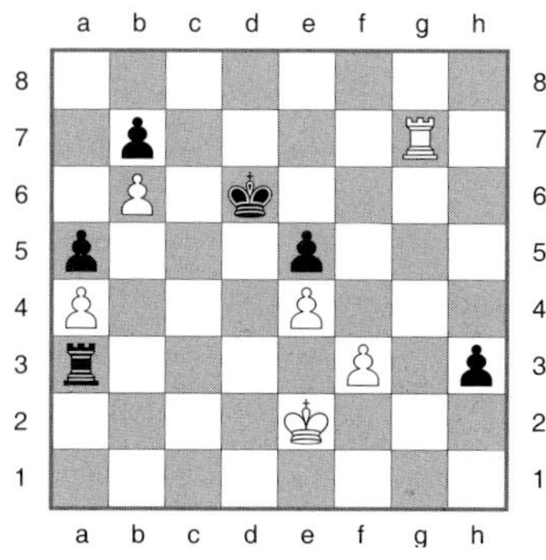

Schwarz gewinnt

Fernando Silva demonstrierte hier feine Endspieltechnik: **40...h2! 41.Th7 Ta1!** 0-1. Der h-Bauer ist tabu: 42.Txh2? Ta2+.

Nielsen – Galyas
Bundesliga 2013

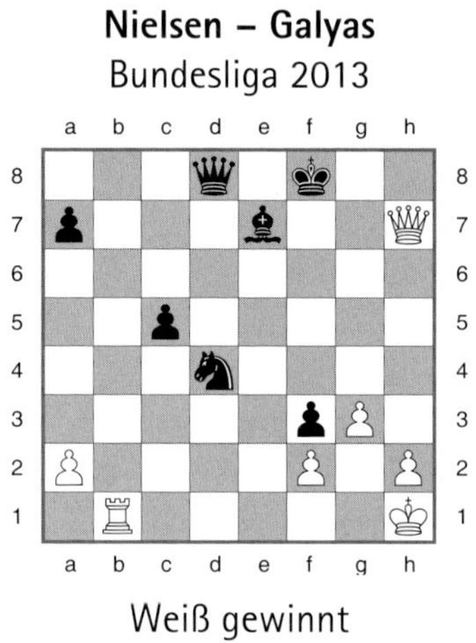

Weiß gewinnt

Der Weltklasse-Schachtrainer Peter Heine Nielsen glänzt auch als Akteur am Brett. In der Endrunde der deutschen Team-Meisterschaft trug der dänische Großmeister im Spiel gegen den Ungarn Miklos Galyas mit **39.Tb8!** zum achten Titelgewinn von Baden-Baden bei. 1-0. Nach dem dreisten Turmzug geht die schwarze Dame flöten: 39...Dxb8 40.Dh8+.

Zilka – Kummer
Österreich 2013

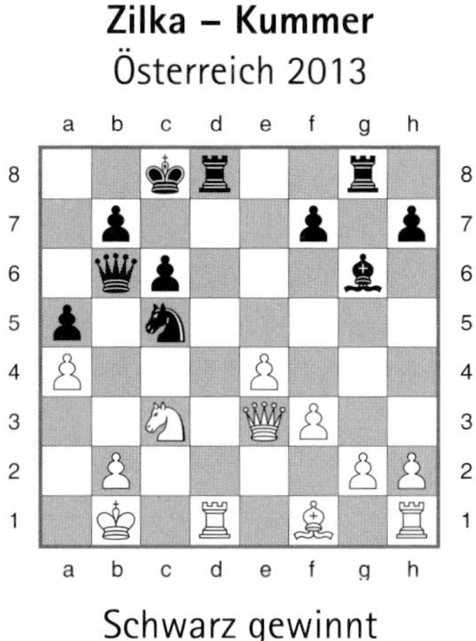

Schwarz gewinnt

Weiß war mit seiner Dame von d4 fahrlässig auf das ungeschützte Feld e3 gegangen. Nach dem teuflischen **21...Sxe4!!** streckte er sofort die Waffen. Auf 22.Dxb6 folgt das Doppelschach 22...Sxc3+ nebst Matt durch den Turm. Auch andere Züge helfen jetzt nicht mehr.

Daudzvardis – Vins
Riga 2013

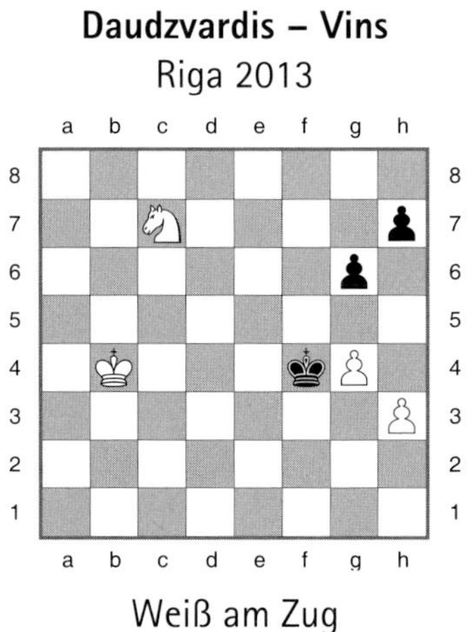

Weiß am Zug

Der schwarze König steht schon an den feindlichen Bauern, doch mit einer Mehrfigur sollte Weiß bei exaktem Spiel gewinnen: 46.Se6+ Kg3 47.g5! Kxh3 48.Sf8 Kg4 49.Sxh7 Kf4 50.Kb5 Kf5 51.Kb6+-. Er spielte aber **46.Sd5+?? Kg3 47.g5 Kh4!** Diese Feinheit hatte Weiß glatt übersehen. Jetzt ist die Partie remis: 48.Sf4 Kxg5 49.Sg2 Kh5 (oder 49...Kf5 50.Kc4 Ke4=) 50.Kc4 g5 51.Kd4 g4 52.h4 g3 53.Ke3 Kg4 54.Ke4 Kh3 55.Kf3 h5 =.

Li – Zhou

Xinghua 2013

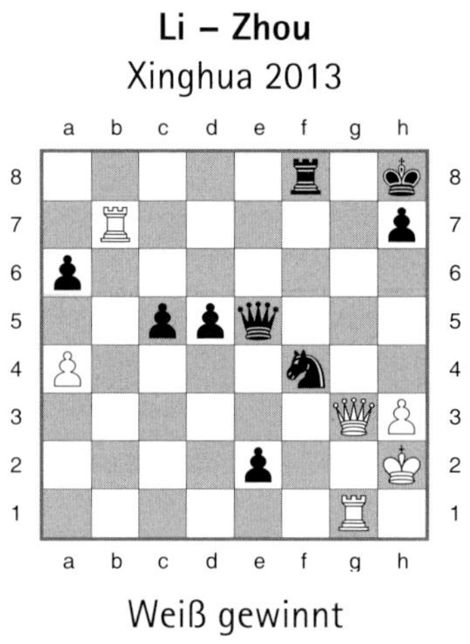

Weiß gewinnt

Zur chinesischen Landesmeisterschaft glänzte der Bronze-Gewinner Li Chao mit der schönen Kombination **42.Tf7! Te8 43.Txf4 Db2 44.Kh1 Db7 45.Tf8+!** 1-0. Schwarz entkommt dem Matt nach 46.De5+ nicht mehr.